素材別だから、考えなくても献立がすぐ決まる！

これぞ副菜280品

オレンジページ

CONTENTS

第1章

冷蔵庫に何がある?
野菜別 10分副菜

第2章

豆腐、豆腐製品で10分副菜

第3章

卵で10分副菜

第4章

あとはスープさえあれば

この本の表記について

● 大さじ・小さじ・カップについて
大さじ1は15㎖、小さじ1は5㎖、1カップは200㎖です。1ccは1㎖です。

● 電子レンジについて
加熱時間は600Wのものを基準にしています。500Wの場合は1.2倍、700Wの場合は0.8倍を目安に加熱してください。なお、機種によって異なる場合があります。

● オーブントースターについて
1000Wのものを使用しています。機種によって加熱時間に差が出やすいので様子をみながら加熱し、焦げそうな場合は途中でアルミホイルをかぶせてください。

● 魚焼きグリルについて
片面焼きのものを基準にしています。両面焼きの場合は、加熱時間を合計したものより短めに設定し、上下を返さずに、様子をみながら加熱してください。

● 🎬 マークについて
おべんとうに向くメニューには、上記のマークをつけています。

{ 副菜選びのコツ }
〜この本の使い方〜

晩ごはんの献立は、主菜よりも合わせる副菜を考えるのが悩みのタネ。
自分のレパートリーのなかから今夜食べたい一品を決めたら、
こんなふうに考えると、副菜選びがラクになりますよ。

STEP *1*

素材を決める

「今日のおかずは
から揚げ！」

▶▶▶

主菜だけだと野菜がたりない。冷蔵庫に何があるかな

主菜につけ合わせの野菜を添えた場合、冷蔵庫にある野菜の
なかから、その野菜と色合いの違うものを選ぶと、自然に栄養
バランスがよくなります。この本の野菜の章（P12〜）では、野菜
を五十音順に並べているので、素材が決まったら引いてみて。

色みのほか、
食感も変わると、
箸がすすんで
さらに◎！

STEP 2

味のバランスをみる

野菜は決まった。さぁ、味つけはどうしよう

あっさり ▭▭▭ こってり

主菜がこってりしていたら、さっぱりしたもの、逆にあっさりめなら、味つけが濃い副菜を選ぶと、食べ進めやすい献立に。この本で紹介している副菜には、それぞれのレシピに「あっさり」と「こってり」、味つけの方向のレベルバーがついているので、参考にしてください。

さらに……

まだまだボリュームがたりない！

そんなときは、たんぱく質が豊富な豆腐や卵をピックアップして副菜を一品加えるか、具だくさんのスープを作りましょう。あなたはこの本から素材や調理法を選んで組み合わせるだけ。献立のボリュームを自由にコントロールできます。

STEP 3

調理法を選ぶ

主菜と副菜を、できるだけスムーズに作りたい

主菜が揚げものなら、副菜は火を使わないサラダやあえものに……など、調理法を変えると、作業スペースも変わるので効率アップ。また主菜の調理中に、火にかけたままの「ほったらかし調理」で副菜ができると、同時進行で手間なく献立が完成します。調理法別インデックス（P8）を参照して選んでみて。

この本で紹介する副菜はぜーんぶ10分でできます！

さぁ、さっそく副菜を選んで、スイスイ晩ごはんを完成させましょう。

調理法別 INDEX

「野菜で」「豆腐・豆腐製品、卵で」と大きく2つのカテゴリーに分けて、調理法別にメニューを並べました。主菜とは別の調理法で副菜を作ると、献立全体の調理が格段にスムーズになるうえ、味や食感にも変化がつきます。

※メニュー名は五十音順に並んでいます。

野菜で

 火を使わない

豆腐・豆腐製品、卵で

 火を使わない

第1章

冷蔵庫に何がある？

野菜別
10分副菜

献立の栄養バランスを整えるうえで、なくてはならないのが野菜。晩ごはんのテーブルにカラフルな野菜の一品があると、彩りも味わいもぐっと豊かになります。常備野菜はもちろん、栄養価の高まる旬の野菜もどんどん取り入れて、そのおいしさをまるごといただきましょう。

アボカド 【Avocado】

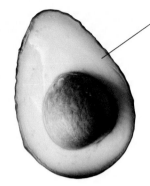

選び方

皮がしっかりとして厚いもの、傷やぶつけた跡がないものを選んで。手に持つとしっとりと吸いつくような感触があり、柔らかな弾力があるものが食べごろ。

栄養

ビタミンEを筆頭としたビタミン類や、カリウム、マグネシウムなどのミネラル類を含み、食物繊維も豊富。ビタミン類やカロテンなどの相乗効果で、抗酸化作用にすぐれている。ただし、カロリーは高めなので、食べすぎに注意。

あっさり □□□■□ こってり

アボカドとトマトの和風タルタルがけ

材料（2人分）

アボカド……………… ½個
トマト……… 1個（約150g）
ゆで卵………………… 1個
しば漬け……………… 15g
マヨネーズ……… 大さじ1

| 1人分159kcal | 塩分0.5g |

作り方

1 トマトはへたを取って縦半分に切り、横に幅1cmに切る。アボカドは種を取って皮をむき、横に幅1cmに切る。しば漬けは粗く刻む。ゆで卵は殻をむいてボールに入れ、フォークで粗めにつぶす。しば漬け、マヨネーズを加えてあえ、和風タルタルを作る。
2 トマト、アボカドを交互にずらしながら器に盛り、和風タルタルをかける。

しば漬け入りのタルタルは、漬けもの特有の酸味がポイント。

プチッとはじける甘いコーンが、味と食感のアクセントに。

あっさり □■□□□ こってり

アボカドのヨーグルトサラダ

材料（2人分）

アボカド………………… 1個
ホールコーン（缶詰）…… 60g
プレーンヨーグルト… 大さじ3
オリーブオイル…… 大さじ½
塩………………… 小さじ¼
こしょう……………… 少々

| 1人分198kcal | 塩分0.9g |

作り方

1 ボールにヨーグルト、オリーブオイル、塩、こしょうを混ぜ合わせる。コーンは缶汁をきり、ボールに加える。
2 アボカドは縦にぐるりと一周切り目を入れ、ひねって2つに分ける。種を取って皮をむき、2cm角に切る。1のボールに加え、さっと混ぜる。

韓国風のピリ辛＆
マヨ味がくせになる！

アボカド

あっさり □□□□■ こってり

アボカドとハムのコチュマヨあえ

材料（2人分）
アボカド……………………1個
ハム………………………3枚
焼きのり（全形）………¼枚
マヨネーズ……………大さじ1
コチュジャン………小さじ½
砂糖…………………………少々

| 1人分205kcal | 塩分0.6g |

作り方
1 アボカドは縦にぐるりと一周切り目を入れ、ひねって2つに分ける。種を取って皮をむき、大きめの一口大に切る。ハムは放射状に8等分に切る。

2 ボールにマヨネーズ、コチュジャン、砂糖を入れて混ぜ、ハム、アボカドを加えてあえる。器に盛り、のりをちぎって散らす。

あっさり ■□□□□ こってり

アボカドとミックスビーンズのサラダ

材料（2人分）
アボカド………………½個
ミックスビーンズ缶詰
（ドライパック・120g入り）‥1缶
ドレッシング
┌ 玉ねぎのみじん切り…¼個分
│ パセリのみじん切り… 大さじ½
│ オリーブオイル… 大さじ1
│ 酢………………小さじ1
│ 塩………………小さじ¼
└ こしょう…………少々

| 1人分220kcal | 塩分1.2g |

作り方
アボカドは種を取って皮をむき、1.5cm角に切る。ボールにドレッシングの材料を入れて混ぜ、アボカド、ミックスビーンズを加えてあえる。

フレンチドレッシングに
パセリを加えて香り豊かに。

厚揚げの中身をあえごろもに、
外側は具として使います。

あっさり □□□■□ こってり

アボカドのみそ風味白あえ

材料（2人分）
アボカド……………………½個
厚揚げ………1枚（約200g）
かに風味かまぼこ…………2本
みそ……………………小さじ2
みりん…………………小さじ1

| 1人分248kcal | 塩分1.1g |

作り方
1 厚揚げはオーブントースターで、少し焼き色がつくまで5分ほど焼き、取り出して粗熱を取る。表面の茶色い部分を薄く切り取り、せん切りにする。白い部分はボールに入れてフォークでつぶし、みそ、みりんを加えて混ぜる。

2 アボカドは種を取って皮をむき、一口大に切る。かにかまは食べやすくほぐし、アボカド、厚揚げの茶色い部分とともに1のボールに加え、よくあえる。

15

エリンギ 【Eryngii】

きんぴらの甘辛しょうゆ味を、
梅の酸味で引き締めます。

あっさり ◻◻▨◻◻ こってり

きのこの梅風味きんぴら

材料（2人分）
エリンギ……2本（約100g）
しめじ……1パック（約100g）
梅しょうゆだれ
┌ 梅肉（低塩タイプ）…1個分
│ 酒、しょうゆ、水…各大さじ1
└ 砂糖…………………小さじ1
ごま油…………………大さじ1
白いりごま……………少々

| 1人分101kcal | 塩分1.5g |

作り方
1 エリンギは長さを半分に切り、縦半分に
切ってから、さらに縦に幅7～8mmに切る。
しめじは石づきを取ってほぐす。梅しょうゆ
だれの材料を混ぜる。
2 フライパンにごま油を中火で熱し、エリ
ンギとしめじを入れてさっと炒める。梅しょ
うゆだれを回し入れて強火にし、汁けがほ
とんどなくなるまで炒め煮にする。器に盛
って白ごまをふる。

あっさり ◻◻▨◻◻ こってり

エリンギとトマトのガーリック炒め

材料（2人分）
エリンギ……2本（約100g）
プチトマト………………8個
にんにくのみじん切り
………………………½かけ分
塩、粗びき黒こしょう
…………………………各少々
オリーブオイル……大さじ1

| 1人分182kcal | 塩分0.5g |

作り方
1 エリンギは幅1cmの輪切りにする。かさ
の部分は、大きければ2つ～4つに切る。プ
チトマトはへたを取り、縦半分に切る。
2 フライパンにオリーブオイルを中火で熱
し、エリンギを入れて、少し焦げ目がつくま
で両面を2～3分ずつ焼く。にんにく、プチ
トマトを加え、プチトマトが少しくずれるく
らいまで炒め合わせ、塩、粗びき黒こしょう
をふる。

プチトマトは少しくずれるくらいに
炒めるととろみがついて◎。

エリンギを長めに切りそろえ、
ボリューム感を出して。

あっさり □□□■ こってり

エリンギとソーセージの照り焼き

材料（2人分）

エリンギ……2本（約100g）
ウインナソーセージ……3本
たれ
┌ 酒……………… 大さじ1
│ 砂糖、しょうゆ、みりん
│　　　　　　…… 各大さじ½
└ ごま油……………… 小さじ1

| 1人分174kcal | 塩分1.3g |

作り方

1 エリンギは縦4等分に切り、大きければ長さを半分に切る。ソーセージは縦半分に切る。たれの材料を混ぜる。

2 フライパンにごま油を中火で熱し、エリンギ、ソーセージを入れて、エリンギがしんなりするまで2分ほど炒める。たれを加え、汁けがほぼなくなるまで1～2分からめる。

きのこ×バターしょうゆ味は
間違いのない鉄板コンビ。

あっさり □□□■ こってり

エリンギのバターしょうゆ炒め

材料（2人分）

エリンギ……2本（約100g）
玉ねぎ………………… ¼個
しょうゆ、酒…… 各小さじ1
バター …………… 小さじ2
パセリ………………… 適宜

| 1人分56kcal | 塩分0.5g |

作り方

1 エリンギは長さを半分に切り、縦半分に切ってから、さらに縦に幅7～8mmに切る。玉ねぎは縦に薄切りにする。

2 フライパンにバターを中火で熱し、溶けたら玉ねぎを炒める。バターが回ったらエリンギを加え、さっと炒める。ふたをして弱めの中火にし、1分ほど蒸し焼きにする。

3 全体をひと混ぜし、しょうゆ、酒を加えて混ぜ、火を止める。パセリを粗くちぎりながら加え、ざっと混ぜる。

あっさり ■□□□ こってり

エリンギのゆずこしょうソテー

材料（2人分）

エリンギ……2本（約100g）
ゆずこしょうだれ
┌ ゆずこしょう… 小さじ⅔～1
│ みりん………… 大さじ1
└ しょうゆ………… 小さじ1
サラダ油………… 大さじ1

| 1人分99kcal | 塩分0.9g |

作り方

1 エリンギは幅8mmくらいの斜め切りにする。ゆずこしょうだれの材料を混ぜる。

2 フライパンにサラダ油を中火で熱し、エリンギを炒める。しんなりしたら火を止め、ゆずこしょうだれを加えてからめる。

シコシコしつつも歯切れの
よい、あわび風の食感に。

かぼちゃ 【Pumpkin】

選び方

まるごとの場合は、重量感があり、へたの大きさが十円玉程度で、そのつけ根がきゅっと締まっているもの、カットされたものは、断面のオレンジ色が濃いものを選んで。

栄養

β-カロテンが豊富で、カリウムの含有量もハイレベル。β-カロテンは体内でビタミンAに変わり、肌や粘膜を丈夫にする。また、老化防止や血行促進作用があるビタミンEや、免疫力を高めるビタミンCも多く含む。

あっさり □□□■□ こってり 🎁

かぼちゃのナッツきんぴら

材料 (2人分)
かぼちゃ……⅛個 (約250g)
ミックスナッツ (おつまみ用)
……………30g
調味用
「酒、砂糖、しょうゆ
　……………各小さじ1
サラダ油…………小さじ1

| 1人分221kcal | 塩分0.5g |

作り方

1 かぼちゃはわたと種を取り、横に幅3cmに切ってから、縦に幅5mmに切る。ミックスナッツは粗く刻む。

2 フライパンにサラダ油を弱めの中火で熱し、かぼちゃを並べ入れる。ときどき裏返しながら、竹串がすーっと通るくらいまで3〜4分焼く。調味用の材料を順に加えて全体になじませ、ミックスナッツを加えてひと混ぜし、火を止める。

ナッツの塩けで、甘辛味が引き立ちます。カリッとした食感もアクセント。

ごまたっぷりのあえごろもで、香り豊かな小鉢に。

あっさり □□■□□ こってり 🎁

かぼちゃのごまじょうゆあえ

材料 (2人分)
かぼちゃ……⅛個 (約250g)
ごまじょうゆ
「白すりごま…… 大さじ1½
　砂糖、しょうゆ…各小さじ2

| 1人分159kcal | 塩分0.9g |

作り方

1 かぼちゃはわたと種を取り除き、2cm角に切る。さっと水にくぐらせて耐熱皿に並べ、ふんわりとラップをかける。電子レンジで4〜5分、竹串がすーっと通るくらいまで加熱する。

2 ボールにごまじょうゆの材料を混ぜる。かぼちゃを水けをきって加え、全体をさっとあえる。

かぼちゃは大きめにつぶせば、食べごたえがぐっとアップします。

あっさり □□■□□ こってり

かぼちゃのナムル

材料（2人分）
かぼちゃ……… ⅛個（約250g）
ナムルだれ
┌ 白すりごま…… 大さじ1½
│ ごま油………… 大さじ1
└ 塩………………… 少々

作り方
1 かぼちゃはわたと種を取る。さっと水にくぐらせてラップでふんわりと包み、電子レンジで3分ほど加熱する。裏返してさらに1分ほど加熱し、ボールに入れる。熱いうちにフォークなどで粗くつぶす。
2 ナムルだれの材料を混ぜ合わせてボールに加え、全体を混ぜ合わせる。

| 1人分174kcal | 塩分0.3g |

あっさり □□□■□ こってり

かぼちゃとちくわのソースきんぴら

材料（2人分）
かぼちゃ……… ⅛個（約250g）
ちくわ………… 2本（約70g）
合わせ調味料
┌ ウスターソース… 大さじ1½
└ みりん、水 …… 各大さじ1
サラダ油………… 大さじ1

作り方
1 かぼちゃはわたと種を取り除き、さっと水にくぐらせてラップでふんわりと包み、電子レンジで1〜2分加熱する。取り出して縦に幅5mmに切り、斜めに幅5mmに切る。ちくわは斜め薄切りにする。合わせ調味料の材料を混ぜる。
2 フライパンにサラダ油を強火で熱し、かぼちゃを2分ほど炒める。ちくわを加えてさっと炒め、合わせ調味料を加えて、さっと炒める。

| 1人分239kcal | 塩分1.5g |

スパイシーなウスターソースが、甘みのあるかぼちゃと絶妙にマッチ！

かぼちゃ

甘辛く煮たかぼちゃを卵でとじ、しみじみとした味わいに。

あっさり ■□□□□ こってり

かぼちゃの卵とじ

材料（2人分）
かぼちゃ（小）… ½個（約150g）
卵…………………… 2個
煮汁
┌ だし汁………… ⅔カップ
│ しょうゆ……… 大さじ½
└ 砂糖…………… 小さじ1

作り方
1 かぼちゃはわたと種を取り、横に幅5mmに切る。ボールに卵を割りほぐす。
2 鍋に煮汁の材料を入れて中火にかけ、煮立ったらかぼちゃを加える。弱火にし、かぼちゃが柔らかくなるまで3分ほど煮る。溶き卵を流し入れ、半熟状に固まったら、煮汁ごと器に盛る。

| 1人分144kcal | 塩分0.9g |

かぼちゃとレモンのレンジ煮

材料（2人分）
かぼちゃ……… ¹⁄₁₀個（約200g）
レモン（国産）の輪切り
　　　……………… 3～4枚
砂糖………………… 大さじ2

作り方
1 かぼちゃはわたと種を取り、皮をそぎ切りにする。2cm角くらいに切って水に1～2分さらし、ざるに上げて水けをきる。レモンは十文字に切る。
2 耐熱容器にかぼちゃを入れ、水½カップ、砂糖を加えてさっと混ぜ、レモンをのせてふんわりとラップをかける。電子レンジで3分加熱し、一度混ぜて再びラップをかけ、さらに2～3分加熱する。

| 1人分126kcal | 塩分0g |

さわやかなレモン風味なので
たっぷり食べられます。

こくのあるみそマヨで、
ひと味違うマッシュサラダに。

かぼちゃの和風サラダ

材料（2人分）
かぼちゃ……… ⅛個（約250g）
きゅうり……… ½本（約50g）
ハム………………… 2枚
みそマヨ
┌ マヨネーズ ……… 大さじ2
└ みそ …………… 小さじ1
塩………………… 少々

作り方
1 きゅうりはへたを切り、薄い輪切りにしてボールに入れ、塩をふる。5分ほどおき、かるく水けを絞る。かぼちゃはわたと種を取り、一口大に切る。ハムは8等分の放射状に切る。
2 かぼちゃを耐熱の器に並べてふんわりとラップをかけ、電子レンジで3分ほど加熱する。裏返してさらに1分加熱し、別のボールに入れる。フォークなどで粗くつぶし、粗熱を取る。みそマヨの材料を加えて混ぜ、きゅうり、ハムを加えてあえる。

| 1人分231kcal | 塩分1.2g |

かぼちゃのチーズ焼き

材料（2人分）
かぼちゃ…… ¹⁄₁₀個（約200g）
バター ……………… 10g
粉チーズ ………… 大さじ2
粗びき黒こしょう …… 適宜

作り方
1 かぼちゃはわたと種を取り、1.5cm角に切る。耐熱の器にかぼちゃを入れ、ふんわりとラップをかけて、電子レンジで3分ほど加熱する。
2 ラップをはずし、バター、粉チーズを散らす。オーブントースターで、チーズに焼き色がつくまで4～5分焼き、粗びき黒こしょうをふる。

| 1人分148kcal | 塩分0.3g |

粉チーズの塩けとバターの
香りが、かぼちゃと相性抜群！

あっさり ▢▢▢▢▢ こってり 🎁

かぼちゃのケチャップソース焼き

材料（2人分）
かぼちゃ(小)‥½個（約150g）
合わせ調味料
┌ トマトケチャップ、ウスター
│ ソース ……… 各大さじ1
└ こしょう ………… 少々
酒 ……………… 大さじ1
オリーブオイル …… 大さじ1

| 1人分146kcal | 塩分0.8g |

作り方
1 かぼちゃはわたと種を取り除き、縦に幅7〜8mmに切る。長ければ半分に切る。耐熱皿に並べてふんわりとラップをかけ、電子レンジで1分30秒ほど加熱する。合わせ調味料の材料を混ぜる。

2 フライパンにオリーブオイルを中火で熱し、かぼちゃを並べ入れて、焼き色がつくまで両面を2分くらいずつ焼く。酒をふって合わせ調味料を加え、手早くからめる。

かぼちゃはしっかり焼き目をつけると、表面はカリッ、中はほくほくに。

多めのオリーブオイルでしっかり焼きつけるのがコツ。

あっさり ▢▢▢▢▢ こってり

焼きかぼちゃのマリネ

材料（2人分）
かぼちゃ(小)‥½個（約150g）
玉ねぎ ……………… ¼個
パセリのみじん切り …… 適宜
マリネ液
┌ 酢 …………… 大さじ1
│ 砂糖 ………… 小さじ1
└ 塩 …………… 小さじ¼
オリーブオイル …… 大さじ2

| 1人分189kcal | 塩分0.8g |

作り方
1 かぼちゃはわたと種を取り、縦に幅7〜8mmに切る。玉ねぎは縦に薄切りにする。バットにマリネ液の材料を混ぜる。

2 フライパンにオリーブオイルを中火で熱し、かぼちゃを並べ入れる。両面にこんがりと焼き色がつくまで2分ずつ焼き、玉ねぎを加えてさっと炒める。ともにマリネ液に漬けて味をなじませ、器に盛ってパセリを散らす。

細切りにしたかぼちゃの歯ごたえが新鮮！

あっさり ▢▢▢▢▢ こってり 🎁

かぼちゃとベーコンのカレー炒め

材料（2人分）
かぼちゃ(小)‥½個（約150g）
ベーコン …………… 2枚
カレー粉 ………… 小さじ½
塩 …………… 小さじ⅓
粗びき黒こしょう …… 適宜
サラダ油 ………… 大さじ1

| 1人分207kcal | 塩分1.4g |

作り方
1 かぼちゃはわたと種を取り、縦に幅5mmに切ってから、斜め細切りにする。ベーコンは幅3cmに切る。

2 フライパンにサラダ油を中火で熱し、ベーコン、かぼちゃを3分ほど炒める。カレー粉、塩を加えて手早くからめ、器に盛って粗びき黒こしょうをふる。

キャベツ 【Cabbage】

選び方

外葉の緑が濃くて張りとつやがあるもの、しんがみずみずしく白いものが新鮮。カットされたものは、断面の巻きがしっかりと詰まっているものがベスト。

栄養

キャベジンと呼ばれる、胃の粘膜を修復するために有効な成分が含まれる。ビタミンCも豊富で、酸化や老化から体を守る抗酸化作用や動脈硬化の予防、免疫力を高める働きなどがある。

あっさり ■□□□□ こってり

焼きキャベツの塩しょうがだれ

材料（2人分）
キャベツ……⅙個（約170g）
塩しょうがだれ※
┌ しょうがのすりおろし
│　　　……60g（約大さじ2）
│ 塩……………小さじ⅓
└ ごま油…………大さじ1
サラダ油…………小さじ1
※塩しょうがだれは作りやすい分量です。余ったら、ご飯やご温やっこにのせて食べても。

| 1人分59kcal | 塩分0.5g |

作り方
1 ボールにしょうが、塩を混ぜて5分ほどおき、ごま油を加えて混ぜる。キャベツはしんをつけたまま縦半分に切る。
2 フライパンにサラダ油を中火で熱し、キャベツを並べ入れる。フライ返しでかるく押しつけながら、焼き色がつくまで2分ほど焼いて裏返す。水½カップを加え、ふたをして弱火にし、5分ほど蒸し焼きにする。器に盛り、1の塩しょうがだれ適宜を添える。

しょうがは塩と混ぜておくと、辛みがやわらぎます。

キリッとした辛さの辛子じょうゆ味で、献立のアクセントに。

あっさり □■□□□ こってり

キャベツとわかめの辛子じょうゆあえ

材料（2人分）
キャベツの葉……4枚（約200g）
カットわかめ（乾燥）
　　……大さじ1（約3g）
辛子じょうゆ
┌ だし汁（なければ水）
│　　……大さじ1
│ しょうゆ…………小さじ2
└ 練り辛子………小さじ½

| 1人分33kcal | 塩分1.0g |

作り方
1 わかめはたっぷりの水に3〜4分浸してもどし、水けをよく絞る。キャベツはしんをV字に切り取り、一口大に切る。
2 キャベツを熱湯で30秒ほどゆで、ざるに上げて粗熱を取り、水けを絞る。ボールに辛子じょうゆの材料を混ぜ、キャベツ、わかめを加えてあえる。

じゃこを使えばだしいらず！
ボリュームのあるメインに合わせて。

あっさり ■□□□□ こってり

キャベツの梅じゃこ煮

材料（2人分）
キャベツの葉…… 3枚（約150g）
ちりめんじゃこ
　　　　…… 大さじ3（約15g）
梅干し…………………… 1個
煮汁
┌ しょうゆ、酒、みりん
│　　　　…… 各大さじ1
└ 水 ……………… ½カップ
サラダ油 ………… 大さじ½

作り方
1 キャベツはしんをV字に切り取り、大きめの一口大に切る。梅干しは種を取り、3つ〜4つにちぎる。

2 小鍋にサラダ油を中火で熱し、ちりめんじゃこを油が回るまで炒める。キャベツを加えてさっと炒め、煮汁の材料と梅干しを加えて混ぜ、キャベツがしんなりとするまで2分ほど煮る。

| 1人分81kcal | 塩分1.8g |

あっさり □□■□□ こってり

ハムのキャベツロール

材料（2人分）
キャベツの葉（大）
　　　　………… 2枚（約120g）
ハム………………………… 4枚
オーロラソース
┌ トマトケチャップ・大さじ½
└ マヨネーズ ……… 大さじ1

作り方
1 キャベツはしんをV字に切り取り、縦半分に切る。耐熱皿にのせ、ふんわりとラップをかけて、電子レンジで1分30秒加熱する。水にさらしてさまし、水けを拭く。

2 キャベツ1切れを縦長に置き、ハムの大きさに合わせて左右を内側に折り込む。手前にハム1枚をのせ、手前から巻く。残りも同様にし、一本を3等分に切る。

3 オーロラソースの材料を混ぜ、スプーンで器に線を描くようにかけて、**2**を盛る。

| 1人分137kcal | 塩分1.3g |

レンジ加熱したキャベツで、
ハムを巻くだけで華やかな一品に。

キャベツ

柔らかく煮たキャベツに
ひき肉のうまみがしみわたります。

あっさり □□■□□ こってり

キャベツのそぼろ煮

材料（2人分）
キャベツ…… ⅕個（約200g）
鶏ひき肉………………… 80g
しょうがの薄切り（皮つき）
　　　　………………… 2枚
酒、みりん ……… 各大さじ1
しょうゆ ………… 大さじ2

作り方
1 キャベツはしんをつけたまま、一口大に切る。

2 鍋にひき肉、酒と、水1カップを入れ、ひき肉をほぐしながら混ぜて、中火にかける。煮立ったらアクを取り、キャベツ、しょうが、しょうゆ、みりんを加えて混ぜる。再び煮立ったら、弱火にしてふたをし、6〜7分煮る。

| 1人分111kcal | 塩分1.4g |

あっさり ☐☐■☐☐ こってり

蒸しキャベツ にんにくしょうゆだれ

材料（2人分）
キャベツ（小）……¼個（約230g）
レモン（国産）の輪切り……4枚
にんにくしょうゆだれ
┌ にんにくのすりおろし
│ ……………………½かけ分
│ レモン汁………小さじ2
│ 白すりごま………小さじ2
└ しょうゆ、ごま油……各小さじ1
塩……………………少々

作り方
1 キャベツはしんをつけたまま縦半分に切る。それぞれ葉と葉の間2カ所にレモンを1枚ずつはさみ、全体に塩をふる。
2 それぞれふんわりとラップで包み、電子レンジで2分〜2分30秒加熱して、器に盛る。にんにくしょうゆだれの材料を混ぜてかける。

| 1人分70kcal | 塩分0.9g |

レモン風味のさっぱりキャベツに、パンチのきいたたれをかけて。

卵は完全に溶きほぐさずに加えるから、ふんわりとろとろ。

あっさり ☐■☐☐☐ こってり

キャベツとちくわの卵とじ

材料（2人分）
キャベツの葉……2枚（約100g）
卵……………………………2個
ちくわ………………………1本
煮汁
┌ 水………………………¾カップ
│ 市販のめんつゆ（3倍希釈）
│ ……………………………大さじ2
└ 砂糖……………………少々
七味唐辛子…………………適宜

作り方
1 キャベツはしんをV字に切り取り、縦半分に切ってから、一口大に切る。ちくわは幅5mmの輪切りにする。器に卵を割り入れ、白身のかたまりが少し残る程度に溶く。
2 フライパンに煮汁の材料を入れて中火で煮立たせ、キャベツ、ちくわを加えて、キャベツをときどき裏返しながら3〜4分煮る。溶き卵を回し入れてふたをし、半熟状になるまで30秒ほど煮て火を止める。器に盛り、七味唐辛子をふる。

| 1人分124kcal | 塩分2.3g |

うまみのあるオイスターソースと桜えびは、食欲をそそる組み合わせ。

あっさり ☐☐■☐☐ こってり 🎁

キャベツのオイスター蒸し煮

材料（2人分）
キャベツの葉……6枚（約300g）
桜えび……大さじ2（約5g）
合わせ調味料
┌ オイスターソース
│ ……………………………大さじ1
│ 砂糖、しょうゆ
│ ……………………………各小さじ½
└ 酒……………………………大さじ1

作り方
1 キャベツはしんをつけたまま一口大に切る。合わせ調味料の材料を混ぜる。
2 フライパンにキャベツ、桜えびを順に広げ入れ、酒と、水¼カップを回し入れる。ふたをして弱火にかけ、ときどき混ぜながら5分ほど蒸し煮にする。ふたを取り、合わせ調味料を加えて強火にし、さっと全体にからめる。

| 1人分64kcal | 塩分1.3g |

あっさり □□■■□ こってり

キャベツとツナの梅マヨサラダ

材料（2人分）
キャベツの葉
　………… 4枚（約200g）
ツナ缶詰（70g入り）…… 1缶
梅干し（塩分10%前後のもの）
　………………… 1個
マヨネーズ ……… 大さじ2
粗びき黒こしょう …… 適宜

| 1人分207kcal | 塩分1.0g |

作り方
1 キャベツはしんをV字に切り取り、一口大に切る。梅干しは種を取り、包丁でペースト状になるまでたたく。ツナはかるく缶汁をきる。
2 ボールにキャベツ、梅干し、ツナ、マヨネーズを入れてあえ、器に盛って粗びき黒こしょうをふる。

マヨネーズに、梅干しの酸味をきかせてメリハリをつけます。

はちみつのやさしい甘みとソーセージの塩けが相性抜群！

あっさり □□■□□ こってり

キャベツとソーセージのレンジ蒸し

材料（2人分）
キャベツの葉
　………… 2枚（約100g）
ウインナソーセージ
　………… 4本（約100g）
はちみつ、酢 …… 各大さじ1
こしょう ……………… 少々

| 1人分205kcal | 塩分1.0g |

作り方
1 キャベツはしんをV字に切り取り、せん切りにする。ソーセージは斜めに浅く切り込みを入れてから、横に幅2cmに切る。
2 耐熱皿にキャベツを広げ、ソーセージを散らす。はちみつ、酢を回し入れてふんわりとラップをかけ、電子レンジで2分ほど加熱する。キャベツがしんなりとしたらラップをはずし、こしょうをふって、全体の上下を返す。そのままおいて粗熱を取り、さっと混ぜて器に盛る。

キ
ャ
ベ
ツ

ベーコンをカリッと焼いたあつあつオイルをかけ、ドレッシングに。

あっさり ■□□□ こってり

キャベツのベーコンオイルサラダ

材料（2人分）
キャベツの葉
　………… 4枚（約200g）
ベーコン …………… 2枚
くるみなど好みのナッツ（ロースト・食塩不使用）…… 20g
酢 ……………… 大さじ1
塩 ……………… 小さじ¼
サラダ油 ………… 大さじ2

| 1人分272kcal | 塩分1.1g |

作り方
1 キャベツはしんをV字に切り取り、せん切りにする。ベーコンは幅5mmに切る。ナッツは粗く刻む。キャベツを器に盛り、ナッツを散らす。
2 フライパンにサラダ油、ベーコンを入れ、中火にかける。ベーコンがカリッとなったら火を止め、酢、塩を加えて混ぜる。熱いうちにキャベツにかける。

25

きゅうり【Cucumber】

選び方

重みがあって全体に張りがあり、表面の緑色が濃いもの、できるだけ太さが均一で両端が堅いものが◎。

栄養

カリウムを多く含んでいるので、ナトリウム（塩分）を排出する役割があり、高血圧に効果がある。また、利尿作用もあるので、体内の水分量を調節し、むくみの解消にも効果的。

あっさり □□□■□ こってり

たたききゅうりの韓国だれ

材料（2人分）
きゅうり…… 2本（約200g）
韓国だれ
┌ ねぎのみじん切り … 大さじ1
│ にんにくのみじん切り
│ …………… 小1かけ分
│ 白すりごま ……… 大さじ1
│ しょうゆ………… 大さじ½
│ 酢、ごま油 …… 各小さじ1
│ コチュジャン …… 小さじ½
└ 砂糖………… 小さじ⅓

作り方
1 きゅうりは両端を少し切り、清潔なポリ袋に入れてめん棒などでかるくたたく。食べやすい大きさに割り、器に盛る。
2 食べる直前に韓国だれの材料を混ぜ、きゅうりにかける。

| 1人分71kcal | 塩分0.7g |

コチュジャン入りのたれは、深みのあるおいしさ！

きゅうりはたたき、桜えびのうまみをなじませて。

あっさり □■□□□ こってり

きゅうりと桜えびのにんにくあえ

材料（2人分）
きゅうり…… 2本（約200g）
桜えび …… 大さじ2（約5g）
にんにくのすりおろし
………… ⅓かけ分
みりん、しょうゆ
………… 各大さじ½
塩…………………… 少々

作り方
1 ボールに桜えび、にんにく、みりん、しょうゆ、塩を入れ、混ぜる。きゅうりは両端を少し切り、めん棒などでたたく。ひびが入ったら長さを3等分に切り、大きければ手で縦に割る。
2 ボールに加えてあえ、ときどき混ぜながら5分以上おいてなじませる。

| 1人分37kcal | 塩分1.2g |

わさびの辛みときゅうりの
歯ざわりのよさに、箸がすすみます。

あっさり ▢▢▢▢ こってり

きゅうりとかまぼこののりわさびあえ

材料（2人分）
きゅうり‥‥‥‥2本（約200g）
かまぼこ‥‥‥‥‥‥‥‥‥40g
焼きのり（全形）‥‥‥‥½枚
わさびだれ
┌ しょうゆ、みりん、サラダ油
│ ‥‥‥‥‥‥‥‥‥各小さじ2
└ 練りわさび‥‥‥‥‥‥少々

作り方
1 きゅうりは両端を少し切り、めん棒でたたいてから、手で一口大に割る。かまぼこは5mm角の棒状に切る。わさびだれの材料を混ぜる。

2 きゅうりとかまぼこをわさびだれであえ、のりを小さくちぎって加え、混ぜ合わせる。

| 1人分93kcal | 塩分1.5g |

あっさり ▢▢▢▢ こってり

さんま缶のうざく風

材料（2人分）
きゅうり‥‥‥‥2本（約200g）
さんまのかば焼き缶詰
　（80g入り）‥‥‥‥‥‥1缶
塩‥‥‥‥‥‥‥‥‥‥小さじ2
合わせ酢
┌ 酢‥‥‥‥‥‥‥‥‥大さじ1
│ 砂糖‥‥‥‥‥‥‥‥小さじ2
│ 塩‥‥‥‥‥‥‥‥‥小さじ⅓
└ 練りわさび‥‥‥‥小さじ½
練りわさび‥‥‥‥‥‥‥適宜

作り方
1 きゅうりはまな板にのせ、塩をふってころがし（板ずり）、さっと洗う。水けをきって両端を少し切り、ところどころピーラーで皮をむく。長さ4〜5cmに切ってから手で押しつぶし、縦に一口大に割る。

2 さんまは幅2cmに切る。ボールに合わせ酢の材料を混ぜ、きゅうり、さんまを加えて混ぜる。器に盛り、練りわさびをのせる。

| 1人分123kcal | 塩分1.7g |

上品な小鉢「うざく」を、
さんまのかば焼き缶でお手軽に。

きゅうり

切り干し大根ときゅうりの
歯ざわりのよさにハマります。

あっさり ▢▢▢▢ こってり

きゅうりと切り干し大根の酢のもの

材料（2人分）
きゅうり‥‥‥‥½本（約50g）
切り干し大根‥‥‥‥‥‥20g
塩昆布（細切り）‥‥‥‥10g
合わせ酢
┌ 酢‥‥‥‥‥‥‥‥‥大さじ2
│ 砂糖‥‥‥‥‥‥‥‥小さじ2
│ しょうゆ‥‥‥‥‥‥小さじ½
└ 水‥‥‥‥‥‥‥‥‥大さじ½

作り方
1 切り干し大根はたっぷりの水に5分ほど浸してもどす。水けをしっかりと絞り、食べやすい長さに切る。

2 きゅうりはへたを少し切り、斜め薄切りにしてから縦に幅5mmに切る。ボールに合わせ酢の材料と塩昆布を混ぜ、きゅうり、切り干し大根を加えてあえる。

| 1人分53kcal | 塩分1.2g |

小松菜【Komatsuna】

選び方

葉は肉厚で張りがあり、茎は太くしっかりしているものが新鮮。葉の色が濃く、鮮やかなものがよい。茎に傷がついているもの、折れているものは避けて。

栄養

小松菜のカルシウム含有量は野菜のなかでもトップクラスで、牛乳を超えるほど。また、β-カロテン、ビタミンCが豊富なので、風邪の予防や肌の調子を整えるのにも効果がある。

とろっと濃厚なオイスターだれがよくからみ、やみつきになる味わい。

あっさり ▢▢▢▨▢ こってり

小松菜とささ身のオイスター炒め

材料（2人分）
小松菜……小1わ（約200g）
鶏ささ身……2〜3本（約100g）
オイスターだれ
┌ オイスターソース……小さじ2
│ 酒……………………大さじ½
│ しょうゆ、ごま油……各小さじ1
│ 片栗粉……………小さじ½
│ こしょう……………少々
└ 水………………………大さじ1
しょうがの薄切り……1かけ分
サラダ油…………………大さじ1

作り方
1 小松菜は根元を切って長さ4cmに切り、茎と葉に分ける。ささ身は一口大のそぎ切りにする。オイスターだれの材料を混ぜる。

2 フライパンにサラダ油を中火で熱し、しょうがを入れて炒める。香りが立ったら、小松菜の茎、ささ身を加え、30秒ほど炒め合わせる。小松菜の葉を加え、強めの中火にしてさっと炒め合わせる。オイスターだれをもう一度混ぜてから回し入れ、混ぜる。

| 1人分157kcal | 塩分1.2g |

あっさり ▢▢▨▢▢ こってり

小松菜と桜えびのガーリック炒め

材料（2人分）
小松菜……小1わ（約200g）
桜えび……大さじ2（約5g）
にんにく（小）………1かけ
塩…………………小さじ¼
こしょう………………少々
オリーブオイル……大さじ3

作り方
1 小松菜は根元に十文字の切り込みを入れ、長さ4cmに切る。にんにくは包丁の腹を当ててつぶす。

2 フライパンにオリーブオイル、にんにくを入れて強火にかける。香りが立ったら、小松菜、桜えびと、塩、こしょうを加え、さっと炒める。ふたをして弱めの中火にし、ときどき混ぜながら4〜5分蒸す。

| 1人分191kcal | 塩分0.8g |

多めのオリーブオイルで蒸し炒めにし、甘みを引き出して。

小松菜とミックスビーンズのソース炒め

あっさり □□□■□ こってり

材料（2人分）
小松菜……小1わ（約200g）
ミックスビーンズ（ドライパック）……………………50g
酒………………………大さじ½
ウスターソース……大さじ1
塩、こしょう…………各少々
オリーブオイル……大さじ½

| 1人分95kcal | 塩分1.0g |

作り方
1 小松菜は根元を少し切り、長さ4～5cmに切る。茎の太い部分は縦半分に切る。
2 フライパンにオリーブオイルを中火で熱し、小松菜、ミックスビーンズを入れて2分ほど炒める。小松菜がしんなりとしたら酒をふり、ウスターソース、塩、こしょうを加え、さっと混ぜる。

くせのない小松菜をウスターソースで調味し、濃厚なひと皿に。

くったりと煮えた小松菜とまろやかな卵のハーモニーが◎。

小松菜の卵とじ

あっさり □■□□□ こってり

材料（2人分）
小松菜……小1わ（約200g）
溶き卵……………………1個分
煮汁
┌ だし汁……………⅔カップ
│ 酒、しょうゆ、みりん
└ ……………………各大さじ1

| 1人分89kcal | 塩分1.5g |

作り方
1 小松菜は根元を少し切り、長さ3cmに切る。茎の太い部分は縦半分に切る。
2 小鍋にだし汁を入れて中火にかけ、煮立ったら、残りの煮汁の材料を加えて混ぜる。小松菜を加え、再び煮立ったら弱火にし、ふたをして1～2分煮る。
3 ふたを取って中火にし、溶き卵を回し入れて、ふんわりと固まったら火を止める。

パプリカで彩りと食感のアクセントをプラスします。

小松菜とパプリカのナムル

あっさり □□■□□ こってり

材料（2人分）
小松菜………½わ（約150g）
赤パプリカ………………¼個
ごま油…………………小さじ1
塩………………………少々

| 1人分34kcal | 塩分0.5g |

作り方
1 赤パプリカはへたと種を取り、横に3等分に切ってから、縦に薄切りにする。
2 小松菜は熱湯でさっとゆで、水けをきって粗熱を取る。水けをよく絞って根元を切り、長さ3cmに切る。パプリカとともにボールに入れ、ごま油と塩を加えてよくあえる。

ごぼう 【Burdock】

選び方

太さが均等でひげ根の少ないものがおすすめ。洗ってある場合は、表面のきめが細かくひび割れていないものを。柔らかくぐにゃぐにゃと曲がるものは避けて。

栄養

水溶性と不溶性、両方の食物繊維が多く含まれる。水溶性には、体脂肪の蓄積を抑制し、血糖値の急上昇を予防する効果が、不溶性には、腸の動きを促進し、排便を促す効果がある。

ごぼう

あっさり □□■□□ こってり

ごぼうとベーコンのガーリック塩炒め

材料（2人分）
ごぼう……… 1本（約150g）
ベーコン……… 2枚（約30g）
にんにくの薄切り…1かけ分
塩、こしょう …… 各小さじ⅓
オリーブオイル…… 大さじ½

作り方
1 ごぼうはよく洗って包丁の背で皮をこそげ、幅5〜6mmのささがきにする。ベーコンは幅1cmに切る。
2 フライパンにオリーブオイル、ベーコン、にんにくを入れて弱火にかける。香りが立ったら中火にし、ごぼうを加えて3〜4分炒める。塩、こしょうをふり、2分ほど炒める。

| 1人分165kcal | 塩分1.4g |

シンプルな塩味に、こしょうをプラスして味を引き締めて。

香り高いすりごまをたっぷり加えた甘酢が、あとを引きます。

あっさり □■□□□ こってり 🎁

ごぼうとパプリカのごま酢あえ

材料（2人分）
ごぼう……… 1本（約150g）
黄パプリカ…………… ¼個
酢……………………… 少々
ごま酢
┌ 白すりごま……… 大さじ2
│ 酢………………… 小さじ1½
│ 砂糖、しょうゆ
│ …………… 各小さじ1
└ みりん………… 小さじ½

作り方
1 パプリカはへたと種を取り、横半分に切ってから縦に幅1cmに切る。ごぼうはよく洗って包丁の背で皮をこそげ、長さ4〜5cmに切ってから縦4等分に切る。酢を入れた熱湯でごぼうを5分ほどゆで、水けをきる。
2 ボールにごま酢の材料を混ぜる。ごぼう、パプリカを加えてあえ、そのままさます。

| 1人分120kcal | 塩分0.4g |

ゴーヤー 【Bitter melon】

選び方

鮮やかな濃い緑色で、表面のちりめん状のいぼが堅く、張りがあるものが新鮮。新鮮であるほど栄養価は高いが、そのぶん苦みも強くなる。

栄養

食物繊維のモモルディシンという成分が多く含まれ、腸内環境を整え、お通じがよくなるなどの効果に加え、コレステロール値を低下させる働きも。そのほか、ビタミンC、鉄分、カルシウムも豊富。

あっさり ▢▢▢▨▨ こってり 🎁

ゴーヤーのチーズチヂミ

材料（2人分）
ゴーヤー…… ½本（約150g）
ピザ用チーズ………………40g
生地
┌ 卵……………………1個
│ 水…………………¼カップ
│ 小麦粉……………½カップ
└ 片栗粉…………大さじ3
塩…………………………少々
サラダ油…………大さじ1

| 1人分 323kcal | 塩分 0.7g |

作り方
1 ゴーヤーは端を切って縦半分に切り、スプーンでわたと種を取り除く。幅3mmに切り、塩をふってもみ、しんなりさせる。ボールに卵を溶きほぐし、生地の残りの材料を加えて泡立て器で混ぜる。ゴーヤーの水けを絞り、ピザ用チーズとともに加えて混ぜる。
2 フライパンにサラダ油を中火で熱し、1の生地を流し入れる。全体に薄く広げ、焼き色がつくまで1〜2分焼く。フライ返しで裏返し、同様に焼き色がつくまで焼く。食べやすく切り、器に盛る。

ピザ用チーズを入れると、ゴーヤーの苦みがまろやかに。

ゴーヤーを塩もみすることで、甘酢が入りやすくなります。

あっさり ▨▨▢▢▢ こってり 🎁

ゴーヤーとツナの酢のもの

材料（2人分）
ゴーヤー…… ½本（約150g）
ツナ缶詰（80g入り）……1缶
甘酢
┌ 酢、砂糖………各大さじ2
└ 塩………………小さじ½
塩………………………小さじ½

| 1人分 126kcal | 塩分 1.0g |

作り方
1 ゴーヤーは端を切り、縦半分に切ってわたと種を取り、横に薄切りにする。塩をふってかるくもみ、5分ほどおいて水洗いし、しっかりと水けを絞る。ツナは缶汁をきる。
2 ボールに甘酢の材料を混ぜ、ゴーヤー、ツナを加えてあえる。

しめじ 【Shimeji】

選び方

かさの色が濃く、黒っぽいもの、軸が太く、長さの短いものがよい。寄せ集められたものではなく、1つの株から出て大きさがそろっているものがおすすめ。

栄養

カルシウムの吸収率を上げるビタミンDのほか、ビタミンB$_1$・B$_2$、ナイアシンなどの栄養素を含む。また、必須アミノ酸の一種で、うまみの素でもあるリジンも豊富。低カロリーなのでダイエットにも向いている。

ツナの缶汁で蒸し、さらにマヨネーズであえるので、うまみ充分。

あっさり □□□■□ こってり

しめじのツナマヨあえ

材料（2人分）
しめじ‥‥1パック（約100g）
ツナ缶詰（80g入り）‥‥‥1缶
パセリのみじん切り‥‥‥少々
マヨネーズ‥‥‥‥大さじ1½
こしょう‥‥‥‥‥‥‥少々

| 1人分176kcal | 塩分0.6g |

作り方
1 しめじは石づきを切り、小房に分けて耐熱の器に入れる。ツナの缶汁を全体に回しかけて混ぜ、ふんわりとラップをかけて電子レンジで1分ほど加熱する。
2 1にツナ、マヨネーズ、こしょうを加えて混ぜ合わせ、器に盛ってパセリを散らす。

あっさり □□■□□ こってり

しめじとえのきのレモンバター炒め

材料（2人分）
しめじ‥‥1パック（約100g）
えのきだけ‥‥大1袋（約200g）
レモン（国産）の輪切り‥‥1枚
レモン汁‥‥‥‥‥‥大さじ1
バター‥‥‥‥‥‥‥小さじ1
塩、こしょう‥‥‥‥各少々
パセリのみじん切り‥‥適宜
サラダ油‥‥‥‥‥‥小さじ1

| 1人分67kcal | 塩分0.5g |

作り方
1 しめじは石づきを切る。えのきは根元を切って長さを半分に切り、ともに食べやすくほぐす。レモンは4等分に切る。
2 フライパンにサラダ油を中火で熱し、しめじ、えのきをしんなりするまで2〜3分炒める。レモン、レモン汁、バターを加えてさっと炒め、塩、こしょうをふる。器に盛り、パセリを散らす。

レモンのさわやかな酸味で、きのこのうまみが引き立ちます。

あっさり ▢▢▢▦▢ こってり

しめじの甘辛煮

材料（2人分）
しめじ… 2パック（約200g）
市販の温泉卵 ………… 1個
サラダ油 ………… 大さじ½
砂糖 …………… 大さじ1
酒、しょうゆ …… 各大さじ2
七味唐辛子 ………… 少々

| 1人分127kcal | 塩分2.7g |

作り方
1 しめじは石づきを切り、小房に分ける。フライパンにサラダ油を中火で熱し、しめじを入れて2分ほど炒める。
2 砂糖、酒、しょうゆを順に加えて混ぜ、5分ほど煮る。煮汁がフライパンの底に少し残るくらいになったら、煮汁ごと器に盛る。温泉卵を割り入れ、七味唐辛子をふる。

温泉卵をからめれば、まろやかな味わいに。

そのままはもちろん、ご飯にのせたり、パスタにからめても。

あっさり ▢▢▦▢▢ こってり

たっぷりきのこのしょうゆ漬け

しめじ

材料（2人分）
好みのきのこ（しめじ、生しいたけ、エリンギなど）…… 300g
漬けだれ
┌ にんにくの薄切り
 …………………1かけ分
 赤唐辛子（小）……… 1本
 しょうゆ …………… 大さじ2
└ みりん、酢 …… 各大さじ1

| 1人分56kcal | 塩分1.6g |

作り方
1 きのこはそれぞれ石づきを切って小房に分けたり、食べやすく切る。エリンギはさらに幅5mmの薄切りにする。耐熱皿に入れてふんわりとラップをかけ、電子レンジで3分30秒ほど加熱する。
2 赤唐辛子はへたと種を取って長さを半分に切り、ボールに入れる。残りの漬けだれの材料を加え、混ぜる。1のきのこの汁けが多ければかるくきって（少なければそのまま）、熱いうちに漬けだれに加える。よく混ぜ、器に盛る。

あっさり ▢▢▢▦▢ こってり

きのこのにんにくみそ炒め

材料（2人分）
しめじ… 1パック（約100g）
エリンギ… 1パック（約100g）
にんにくのみじん切り
 …………………1かけ分
みそ …………… 大さじ2
みりん …………… 大さじ1
万能ねぎの小口切り… 適宜
サラダ油 ………… 小さじ1

| 1人分102kcal | 塩分2.2g |

作り方
1 しめじは石づきを切り、食べやすくほぐす。エリンギは縦半分に切り、斜めに幅7〜8mmに切る。
2 フライパンにサラダ油を弱火で熱し、にんにくを入れて香りが立つまで炒める。しめじ、エリンギを加えて中火にし、しんなりとするまで炒める。みそ、みりんを加え、全体を混ぜる。器に盛り、万能ねぎを散らす。

甘みそ味に、にんにくでパンチをきかせます。きのこは好みのものでどうぞ。

じゃがいも【Potato】

選び方

丸形の男爵（写真右）、細長いだ円形のメイクイーン（写真左）ともに、皮がしなびていないもの、緑がかっていないもの、くぼみから芽が出ていないものが新鮮なサイン。

栄養

主成分は体を動かすエネルギー源となる糖質で、糖質の代謝を助けるビタミンB_1も含む。ビタミンCも比較的多く、加熱しても壊れにくいのが特徴。

あっさり ▨▨□□□ こってり

じゃがいもとかにかまの甘酢あえ

材料（2人分）
じゃがいも … 2個（約300g）
かに風味かまぼこ……… 4本
甘酢
「だし汁（または水）、酢
　　……………… 各大さじ1
　砂糖………… 小さじ1
　しょうゆ……… 小さじ⅓
└塩………… 小さじ¼
塩…………………… 少々

| 1人分118kcal | 塩分1.4g |

1 じゃがいもは皮をむき、あればスライサーでせん切りにする。水を2〜3回替えながらさっとさらし、水がにごらなくなったらざるに上げて水けをきる。ボールに甘酢の材料を混ぜ合わせる。
2 塩を加えた熱湯でじゃがいもを15〜20秒ゆで、全体が透き通ってきたらざるに上げて、しっかりと水けをきる。甘酢のボールに入れ、かにかまを細く裂いて加え、さっと混ぜる。

手早くゆでたじゃがいもの、シャキッとした食感が魅力。

粉チーズをふりかけて焼くから、表面がカリッと香ばしい！

あっさり □□▨□□ こってり

じゃがいものガレット風

材料（2人分）
じゃがいも … 1個（約150g）
粉チーズ ………… 大さじ2
塩………………… 少々
トマトケチャップ…… 適宜
サラダ油………… 大さじ1

| 1人分150kcal | 塩分0.7g |

作り方
1 じゃがいもはよく洗い、皮つきのまま、あればスライサーで薄切りにして、塩をふる。
2 直径20cmのフライパンにサラダ油を中火で熱し、じゃがいもを広げ入れる。粉チーズを全体にふり、弱火にしてふたをし、3分ほど蒸し焼きにする。フライ返しなどで裏返し、さらに3分ほど蒸し焼きにする。
3 食べやすく切って器に盛り、トマトケチャップをかける。

あっさり ▢▢▢▨▢ こってり

じゃがいもとソーセージのカレー炒め

材料（2人分）
じゃがいも（小）
　　………2個（約250g）
ウインナソーセージ
　　………4本（約90g）
カレー粉…………小さじ1
塩、粗びき黒こしょう…各少々
サラダ油…………大さじ½

| 1人分271kcal | 塩分1.4g |

作り方
1 じゃがいもは皮をむいて7〜8mm角の棒状に切る。ソーセージは縦半分に切る。
2 フライパンにサラダ油を中火で熱し、じゃがいもを3分ほど炒める。ソーセージ、カレー粉を加え、1分ほど炒めて、塩、粗びき黒こしょうをふる。

あっさり ▢▨▢▢ こってり

じゃがいものピリ辛ホットサラダ

材料（2人分）
じゃがいも …2個（約300g）
粉チーズ …………大さじ½
七味唐辛子………小さじ⅓
塩…………………小さじ¼

| 1人分99kcal | 塩分0.8g |

作り方
1 じゃがいもはよく洗ってかるく水けをきり、皮つきのまま1個ずつ、ふんわりとラップで包む。電子レンジで2分ほど加熱して上下を返し、さらに1分30秒〜2分加熱する。ラップの上から竹串を刺してみて、すーっと通るくらいになったらラップをはがす。
2 熱いうちにボールに入れ、皮つきのままフォークで小さめの一口大にくずす。粉チーズ、七味唐辛子、塩を加え、混ぜる。

粉チーズと七味をまぶしたほくほくのじゃがいもは、おつまみにも！

じゃがいも

薄く削ったじゃがいものサクサクとした歯ざわりが絶妙！

あっさり ▢▢▨▢ こってり

ピーラーじゃがいもの明太炒め

材料（2人分）
じゃがいも（あればメイクイーン）…… 3個（約300g）
辛子明太子……………30g
サラダ油………大さじ1½
酒、水…………各大さじ1

| 1人分194kcal | 塩分0.8g |

作り方
1 じゃがいもは皮をむき、ピーラーで薄く削る。水に3分ほどさらし、ざるに上げて水けをきる。明太子は薄皮ごと、幅1cmに切る。
2 フライパンにサラダ油を中火で熱し、じゃがいもをさっと炒める。油が回ったら、明太子、酒、水を加える。じゃがいもが透き通るまで3分ほど炒め合わせる。

あっさり ☐☐■☐☐ こってり

じゃがいもの鮭マヨがけ

材料（2人分）
じゃがいも‥2個（約300g）
鮭マヨソース
「市販の鮭フレーク…大さじ3
マヨネーズ………大さじ2
牛乳……………大さじ2

| 1人分246kcal | 塩分0.7g |

作り方
1 じゃがいもはピーラーで皮をむき、幅1cmのいちょう切りにして水にさらし、水けをきって耐熱容器に入れる。ふんわりとラップをかけ、電子レンジで4分～4分30秒加熱する。ラップをはずし、熱いうちにフォークで粗くつぶして器に盛る。
2 鮭マヨソースの材料を混ぜ、じゃがいもにかける。

鮭フレークの塩けとうまみが、
淡泊なじゃがいもとよく合います。

みんな大好き、甘辛味がじゃがいもに
しみ込み、くせになるおいしさ。

あっさり ☐☐■☐☐ こってり

じゃがいも照り焼き

材料（2人分）
じゃがいも
　……2個（250～300g）
削り節…小1パック（約3g）
青のり……………小さじ1
しょうゆ、みりん…各大さじ1
バター………………10g

| 1人分162kcal | 塩分1.5g |

作り方
1 じゃがいもは皮をむき、幅1cmの輪切りにする。耐熱皿に並べてふんわりとラップをかけ、電子レンジで4～5分加熱する。
2 フライパンにバターを入れて中火で溶かし、泡立ってきたらじゃがいもを並べて、両面を2分ずつ焼く。しょうゆ、みりんを回し入れ、照りが出たら器に盛り、削り節、青のりを散らす。

あっさり ■☐☐☐☐ こってり

じゃがいもとハムのシャキシャキサラダ

材料（2人分）
じゃがいも…1個（約130g）
ハム……2～3枚（約40g）
ドレッシング
「にんにくのすりおろし
　………………1かけ分
ごま油……大さじ1½
塩………………少々
粗びき黒こしょう……適宜

| 1人分173kcal | 塩分0.6g |

作り方
1 じゃがいもは皮をむき、あればスライサーでせん切りにする。水に5分ほどさらし、ペーパータオルで水けをしっかりと拭く。ハムは半分に切り、横に細切りにする。
2 ボールにドレッシングの材料を混ぜ、じゃがいも、ハムを加えてあえる。器に盛り、粗びき黒こしょうをふる。

生で食べるじゃがいもの
新食感を堪能して。

あっさり □□□■□ こってり

キムチじゃがバター

材料（2人分）
じゃがいも
　……2個（250〜300g）
白菜キムチ…………60g
万能ねぎの小口切り
　………………2本分
バター…………………10g

| 1人分154kcal | 塩分1.0g |

作り方

1 キムチは粗く刻む。じゃがいもはよく洗ってかるく水けをきり、皮つきのまま1個ずつ、ふんわりとラップで包む。電子レンジで4〜5分加熱する。

2 中央に十文字に切り目を入れ、バター、キムチを等分にのせて、万能ねぎを散らす。

キムチの辛みがバターでまろやかに。
あつあつをめしあがれ。

マヨネーズにみそを加え、
ちょっぴり和風のポテサラに。

あっさり □□■□□ こってり 📺

じゃがいも

じゃがいものみそマヨあえ

材料（2人分）
じゃがいも …2個（約300g）
きゅうり……½本（約50g）
焼きのり…………適宜
みそマヨ
┌ にんにくのすりおろし…少々
│ マヨネーズ ……大さじ1
└ みそ …………大さじ½
塩…………………少々

| 1人分182kcal | 塩分0.8g |

作り方

1 じゃがいもはよく洗ってかるく水けをきり、皮つきのまま1個ずつ、ふんわりとラップで包む。電子レンジで4分ほど加熱し、熱いうちに皮をむいてボールに入れる。フォークで形がなくなるまでつぶす。

2 きゅうりはへたを切り、薄い輪切りにする。塩をふって2分ほどおき、水けを絞る。**1**のボールにみそマヨの材料とともに加え、混ぜ合わせる。器に盛り、焼きのりをちぎって散らす。

あっさり □□■□□ こってり 📺

じゃがいものチヂミ風

材料（2人分）
じゃがいも …2個（約300g）
ホールコーン（缶詰）
　…… 大さじ5（約60g）
小麦粉…………大さじ1½
塩………………少々
サラダ油………大さじ1½
好みでしょうゆ（または市販
　のポン酢しょうゆ）…適宜

| 1人分235kcal | 塩分0.5g |

作り方

1 じゃがいもは皮をむいてすりおろし、ざるにあけてかるく汁けをきる。ボールに入れ、コーン、小麦粉、塩を加えて混ぜる。

2 フライパンにサラダ油を中火で熱し、**1**の生地をスプーンですくって、一口大に広げる。2〜3分焼き、こんがりしたら裏返し、同様に焼く。好みでしょうゆをつける。

すりおろしたじゃがいもで
もっちもちの生地に。

97

すぐ調理にかかれる
野菜ストックのススメ

一度には使いきれない大型野菜、安いときに多めに買ったお手ごろ野菜……、野菜室でその存在が忘れ去られていませんか。途中まで下ごしらえして、冷蔵庫の上の段に移動しておけば、副菜作りがぐんとラクになります。すぐに使える状態にして、毎日の副菜に、おべんとうの小さなおかずにどんどん活用しましょう。

塩をふっておく

● 保存法と保存期間
冷蔵庫で4〜5日

にんじんストック

材料（作りやすい分量）と作り方
にんじん2本（約300g）は皮をむき、ピーラーで薄く削る。塩小さじ½〜⅔をふって10分ほどおき、しんなりしたら水けを絞って保存容器に入れる。

人気のデリメニューがたちまち完成。
カレー風味の
キャロットラペ

材料（2人分）と作り方
ボールに「にんじんストック」（左記参照）の½量を入れ、オリーブオイル小さじ2、酢小さじ1、カレー粉小さじ1弱を加えてあえる。器に盛り、パセリのみじん切り適宜をふる。

| 1人分132kcal | 塩分0.5g |

榨菜がいい味出しに。
にんじんと
榨菜の中華炒め

材料（2人分）と作り方
榨菜（びん詰）20gは細切りにする。フライパンにごま油小さじ1を中火で熱し、「にんじんストック」（左記参照）の½量、榨菜を入れて、1〜2分炒め合わせる。

| 1人分48kcal | 塩分1.1g |

キャベツストック

材料（作りやすい分量）と作り方
キャベツ（大）¼個（約300g）はしんを除き、食べやすくちぎる。塩小さじ½〜⅔をふってかるくもみ、15分ほどおく。しんなりしたら水けを絞って保存容器に入れる。

梅&削り節でご飯によく合う味に。

キャベツの
梅おかかあえ

材料（2人分）と作り方
梅干し1個は種を取り、粗く刻む。ボールに「キャベツストック」（上記参照）の½量、梅肉、削り節（小）1パック（約3g）を入れ、あえる。

| 1人分27kcal | 塩分0.9g |

粗びき黒こしょうで味を引き締めて。

キャベツのベーコン炒め

材料（2人分）と作り方
ベーコン2枚は幅2cmに切る。フライパンにサラダ油小さじ1を中火で熱し、「キャベツストック」（上記参照）の½量、ベーコンを入れて、1〜2分炒め合わせる。粗びき黒こしょう適宜をふって混ぜ、器に盛る。

| 1人分106kcal | 塩分1.2g |

しょうがを加え、
すっきりとした後味に。

キャベツの中華スープ

材料（2人分）と作り方
鍋に水2カップ、「キャベツストック」（上記参照）の½量、しょうがのせん切り（小）1かけ分、鶏ガラスープの素（顆粒）小さじ2を入れて中火にかける。煮立ったらひと煮して器に盛り、白いりごま小さじ1をひねりながら加え、ごま油小さじ1を回しかける。

| 1人分29kcal | 塩分0.3g |

ゆでておく

● 保存法と保存期間
冷蔵庫で2〜3日

青菜ストック

材料（作りやすい分量）と作り方
ほうれん草または小松菜（小）1わ（約200g）は熱湯で1分ほどゆで、冷水にとる。完全にさまして水けをしっかり絞り、保存容器に入れる。

マヨネーズを炒め油に使い、
こくを出します。

ほうれん草のマヨ炒め

材料（2人分）と作り方
「青菜ストック（ほうれん草）」（上記参照）全量は食べやすく切る。フライパンにマヨネーズ大さじ1を入れて中火にかけ、溶けてきたらほうれん草を加えてさっと炒める。

| 1人分61kcal | 塩分0.2g |

こんがり焼いた油揚げが食感のアクセント。

ほうれん草と
油揚げのごまあえ

材料（2人分）と作り方
油揚げ（小）1枚はオーブントースターでかるく焼き、食べやすく切る。「青菜ストック（ほうれん草）」（上記参照）全量は食べやすく切ってボールに入れ、油揚げ、白すりごま大さじ1、しょうゆ小さじ2、砂糖小さじ½を加えてあえる。

| 1人分87kcal | 塩分0.9g |

さっぱりとした小鉢は
箸休めにぴったり。

小松菜とじゃこの酢のもの

材料（2人分）と作り方
「青菜ストック（小松菜）」（上記参照）全量は食べやすく切ってボールに入れ、ちりめんじゃこ20gと、酢、しょうゆ各大さじ1、砂糖小さじ1を加えてあえる。

| 1人分46kcal | 塩分2.0g |

レンチンしておく

● 保存法と保存期間
冷蔵庫で2～3日

なすストック

材料（作りやすい分量）と作り方
なす4個は、2個ずつラップで包む。2個につき、3分ほど電子レンジで加熱する。完全にさめたらラップをはずし、保存容器に入れる。

とろ～りチーズとなすは相性抜群！
なすのチーズ焼き

材料（2人分）と作り方
「なすストック」（上記参照）の½量はへたを切って縦に大きめに裂き、耐熱皿に並べる。塩、こしょう各少々をふり、ピザ用チーズ30gを全体に散らす。オーブントースターで6分ほど焼く。

| 1人分72kcal | 塩分0.6g |

もやしストック

材料（作りやすい分量）と作り方
もやし1袋（約200g）は耐熱の器に広げ、酒大さじ1を回しかける。ふんわりとラップをかけ、電子レンジで2分ほど加熱する。ざるに上げて水けをきり、完全にさめたら保存容器に入れる。

中華風の甘酢ドレッシングでさっぱり！
もやしとハムのサラダ

材料（2人分）と作り方
ハム3枚は細切りにする。ボールに酢、しょうゆ各大さじ1、ごま油大さじ½、砂糖小さじ1を混ぜ、「もやしストック」（上記参照）全量、ハムを加えてあえる。

| 1人分102kcal | 塩分1.8g |

大根 【Japanese radish】

選び方

全体に張りとつやがあり、まっすぐのびて、太いもの。ひげ根の毛穴が浅く少なく、表面がなめらかなものが新鮮。ずっしりと重いものは、みずみずしく、水分が豊富な証拠。

栄養

ジアスターゼというでんぷん分解酵素が多く含まれ、消化を助ける効果がある。大根の辛みはアリルイソチオシアネートと呼ばれる成分によるもので、こちらには抗ガン作用や抗菌作用がある。

あっさり □□□□□ こってり

大根の梅昆布あえ

材料（2人分）

大根……… ⅛本（約150g）
梅干し ………………… 2個
塩昆布（細切り）……… 3g
削り節 ………………… 大さじ2
好みでしょうゆ ……… 少々

作り方

1 大根は皮をむき、ピーラーで縦に薄く削る。水にさっとくぐらせ、ざるに上げて水けをきる。梅干しは種を取って包丁で細かくたたく。

2 ボールに大根、梅干し、塩昆布、削り節を入れてさっと混ぜ、味がたりなければしょうゆを加える。

| 1人分21kcal | 塩分1.2g |

梅干しと昆布の塩けが、ピーラーで薄切りにした大根によくなじみます。

ベーコンのうまみを吸った大根が美味。大根の葉で彩りをプラスして。

あっさり □□□□□ こってり

大根とベーコンの塩味炒め

材料（2人分）

大根……… ⅙本（約200g）
大根の葉 ……………… 20g
ベーコン …… 2枚（約30g）
塩……………………… 小さじ¼
こしょう ……………… 少々
オリーブオイル …… 小さじ1

作り方

1 大根は皮をむき、縦4等分に切ってから、横に幅3〜4mmに切る。大根の葉は小口切りにする。ベーコンは幅2cmに切る。

2 フライパンにオリーブオイルを弱めの中火で熱し、大根を2分ほど炒める。ベーコンを加えてさらに1分ほど炒め、全体に油がなじんだら、大根の葉、塩、こしょうを加えて30秒ほど炒め合わせる。

| 1人分118kcal | 塩分1.2g |

あっさり ▢▢▢▢▢ こってり

大根おろしと厚揚げのポン酢がけ

材料（2人分）
大根………¼本（約300g）
厚揚げ………½枚（約120g）
市販のポン酢しょうゆ
…………………大さじ1
ごま油……………小さじ1

作り方
1 大根は皮をむいてすりおろし、かるく汁けをきる。厚揚げは一口大に切る。

2 フライパンを油をひかずに弱火で熱し、厚揚げを並べ入れて、ときどき返しながら3～4分焼く。

3 ボールに大根おろし、厚揚げを入れてあえ、器に盛る。ポン酢しょうゆと、ごま油を混ぜてかける。

| 1人分138kcal | 塩分0.7g |

厚揚げの香ばしさで、たっぷりの大根おろしをペロリと食べられます。

あっさり ▢▢▢▢▢ こってり 🎁

大根の炒めナムル

材料（2人分）
大根………¼本（約300g）
調味用
┌ にんにくのすりおろし
│ …………………小さじ⅓
│ 塩…………………小さじ¼
└ 砂糖………………少々
白すりごま………大さじ2
塩、一味唐辛子……各少々
ごま油……………小さじ½

作り方
1 大根は皮をむき、太ければ縦4等分に切って、あればスライサーでせん切りにする。ボールに入れて塩をふり、さっと混ぜてかるく水けを絞る。

2 フライパンにごま油を中火で熱し、大根を1分ほど炒める。調味用の材料を順に加えて混ぜ、全体になじんだら白すりごまを加えてひと混ぜする。器に盛り、一味唐辛子をふる。

| 1人分89kcal | 塩分1.0g |

大根はスライサーでせん切りにすると、炒めるのがスピーディ！

さわやかな青のりの香りと、こっくりとしたマヨネーズが相性よし。

あっさり ▢▢▢▢▢ こってり 📺

シャキシャキ大根の青のりマヨサラダ

材料（2人分）
大根………8cm（約280g）
青のり……………小さじ½
マヨネーズ………大さじ2

作り方
大根は皮を厚めにむき、長さを半分に切ってから縦に細切りにする。ボールに青のり、マヨネーズを混ぜ合わせ、大根を加えてあえる。

| 1人分103kcal | 塩分0.3g |

大根

43

あっさり ☐☐☐▨☐ こってり 🎁

大根と豚バラのさっと炒め

材料（2人分）
大根（大）……5㎝（約250g）
豚バラ薄切り肉
　　……2〜3枚（約50g）
塩、粗びき黒こしょう
　　………………各適宜
こしょう………………少々
サラダ油…………小さじ1

| 1人分138kcal | 塩分1.7g |

作り方
1 大根は皮をむいて縦に細切りにし、ボールに入れる。塩小さじ½を加えてさっと混ぜ、5分ほどおいて水けを絞る。豚肉は幅1㎝に切る。
2 フライパンにサラダ油を中火で熱し、豚肉を入れて色が変わるまで炒める。大根を加えてさっと炒め、塩少々と、こしょうをふってさっと混ぜる。器に盛り、粗びき黒こしょうをふる。

塩もみをしてから炒めた大根は、短時間でも驚くほど味がしみます。

ごま油の香りが漂う甘辛味は、白いご飯にぴったり。

あっさり ☐☐☐☐▨ こってり 🎁

大根の照り焼き

材料（2人分）
大根………10㎝（約350g）
大根の茎の小口切り…適宜
塩………………………少々
砂糖………………大さじ½
しょうゆ…………大さじ1
ごま油……………小さじ1

| 1人分64kcal | 塩分1.3g |

作り方
1 大根は皮を厚めにむき、縦4等分に切ってから一口大の乱切りにする。
2 フライパンに大根を入れ、水を高さ1㎝くらいまで注いで塩をふる。強火にかけ、煮立ったらふたをして弱火にし、5分ほど蒸し煮にする。大根の茎を加え、再びふたをして1分ほど蒸し煮にして、ゆで汁を捨てる。
3 再び弱火にかけて砂糖をふり、砂糖が溶けるまで炒める。中火にし、しょうゆを回し入れて汁けがなくなるまでからめ、ごま油を加えてひと混ぜする。

大根はしっかりとゆでるから、あえるだけで充分味がなじみます。

あっさり ☐☐☐▨☐ こってり 🎁

コロコロ大根のピリ辛みそあえ

材料（2人分）
大根………8㎝（約280g）
ピリ辛みそ
┌ みそ……………大さじ1
│ みりん…………大さじ½
└ 豆板醤……小さじ¼〜½

| 1人分50kcal | 塩分1.2g |

作り方
1 大根は皮を厚めにむき、1.5㎝角に切る。小鍋に入れ、ひたひたの水を加える。中火にかけ、4〜5分ゆでてざるに上げ、水けを拭く。
2 耐熱のボールにピリ辛みその材料を入れ、ラップをかけずに電子レンジで10秒ほど加熱して混ぜる。大根を加えてあえる。

あっさり ▦□□□ こってり

大根と鮭缶のおろしあえ

材料（2人分）
大根（小）……⅓本（約350g）
大根の葉……………20g
鮭の水煮缶詰（180g入り）
　………………………½缶
塩………………………適宜
砂糖………………大さじ½
酢…………………大さじ1

| 1人分118kcal | 塩分0.8g |

作り方
1 大根は皮をむき、すりおろして汁けをかるく絞る。大根の葉は塩少々を加えた熱湯でさっとゆで、水けをきって粗熱を取り、長さ2～3cmに切る。
2 ボールに砂糖、酢と、塩少々を混ぜ、大根おろしを加えてさっと混ぜる。鮭を缶汁をかるくきって加え、身を大きくくずしながらあえる。器に盛り、大根の葉をのせる。

大根おろしと鮭を甘酢であえた
一品は、おつまみにもうってつけ。

帆立て缶は、うまみたっぷりの
缶汁も無駄なく使って。

あっさり ▦□□□ こってり

大根と帆立てのレンジ蒸し

材料（2人分）
大根………8cm（約280g）
帆立て貝柱の水煮缶詰
　（70g入り）…………1缶
大根の葉……………適宜
塩………………………少々
酒、しょうゆ……各小さじ1
ごま油……………小さじ½

| 1人分72kcal | 塩分1.3g |

作り方
1 大根は皮をむいて縦半分に切り、横に幅5mmに切る。大根の葉は長さ5cmに切る。
2 耐熱のボールに大根を入れて塩をふり、さっと混ぜる。大根の葉、帆立ての缶汁大さじ2、酒を加えてひと混ぜし、ふんわりとラップをかけて、電子レンジで3分ほど加熱する。
3 帆立てをほぐしながら加え、再びふんわりとラップをかけて、電子レンジで2分ほど加熱する。さっと混ぜて器に盛り、しょうゆ、ごま油を混ぜてからかける。

あっさり ▦□□□ こってり

大根のさっぱり塩昆布あえ

材料（2人分）
大根………⅕本（約250g）
塩昆布（細切り）………5g
白いりごま………小さじ1
レモン汁…………小さじ2
レモン（国産）の輪切り
　…………………1～2枚
塩………………小さじ¼

| 1人分33kcal | 塩分0.9g |

作り方
1 大根は皮をむき、縦4等分に切ってから、横に幅2～3mmに切る。ボールに入れて塩を加え、さっと混ぜて5分ほどおく。レモンは4等分に切る。
2 大根の水けを絞り、食べる直前に、塩昆布、白いりごま、レモン汁を加えてあえる。器に盛り、レモンをのせる。

塩昆布のうまみで、味が
簡単に決まるのがうれしい！

玉ねぎ 【Onion】

頭と根の部分がきゅっと締まっているもの、茶色い皮がしっかりと乾燥してつやがあり、傷がないものを。頭の部分からいたんでくるので、この部分が適度に堅いものが新鮮。新玉ねぎの場合も、同様に表面に傷がないものを選ぶようにして。

栄養

玉ねぎの辛みの成分は主に硫化アリルで、消化液の分泌を促し、新陳代謝を盛んにする働きや、血をサラサラにする働きがある。ポリフェノールの一種であるケルセチンも多く含み、強い抗酸化作用がある。

あっさり □□■□□ こってり

新玉ねぎとベーコンのバルサミコ酢ステーキ

材料（2人分）
新玉ねぎ……1個（約200g）
ベーコン……2枚（約30g）
パセリのみじん切り……少々
バルサミコ酢……大さじ2
しょうゆ……小さじ1
オリーブオイル……小さじ1
塩、こしょう……各少々

作り方
1 玉ねぎは横に幅1cmの輪切りにし、つま楊枝を、外側から放射状に2〜3カ所刺して留める。ベーコンは横に幅1cmに切る。

2 フライパンにオリーブオイルを中火で熱し、玉ねぎ、ベーコンを入れる。3分ほど焼いてともに裏返し、さらに3分ほど焼く。塩、こしょうをふり、楊枝を抜いて器に盛る。

3 2と同じフライパンにバルサミコ酢、しょうゆを入れ、中火にかける。フライパンを揺すりながら煮立たせ、とろみがついたら2の玉ねぎにかけ、パセリを散らす。

| 1人分140kcal | 塩分1.1g |

バルサミコ酢の濃厚な酸味が、香ばしく焼いた新玉ねぎと好相性！

梅とおかかのコンビが、新玉ねぎのやさしい味わいを引き立てます。

あっさり ■□□□□ こってり

新玉ねぎの梅おかかあえ

材料（2人分）
新玉ねぎ……1個（約200g）
梅干し……1個
削り節……1パック（約5g）

作り方
1 玉ねぎは8〜10等分のくし形に切り、耐熱のボールに入れてふんわりとラップをかけ、電子レンジで1分30秒ほど加熱する。梅干しは種を取り、包丁でペースト状になるまでたたく。

2 玉ねぎの汁けをきってボールに戻し入れ、梅干し、削り節を加えてあえる。

| 1人分50kcal | 塩分0.5g |

カリッと香ばしい桜えびが、
独特の風味をプラスしてくれます。

あっさり ☐☐■☐☐ こってり 📺

新玉ねぎの桜えび炒め

材料（2人分）
新玉ねぎ …… 1個（約200g）
桜えび …… 大さじ2（約5g）
塩、粗びき黒こしょう
　　　　　　　　…… 各少々
酒 …………… 大さじ½
ごま油 ………… 大さじ½

作り方
玉ねぎは縦半分に切って、縦に幅1cmに切る。フライパンにごま油を中火で熱し、玉ねぎを透き通るまで炒める。桜えび、塩、酒を加え、全体がなじむよう手早く炒めて器に盛り、粗びき黒こしょうをふる。

| 1人分78kcal | 塩分0.6g |

あっさり ☐■☐☐ こってり

うずらの卵のせ玉ねぎサラダ

材料（2人分）
玉ねぎ（大）……¼個（約75g）
うずらの卵……………2個
削り節‥小2パック（約6g）
めんつゆドレッシング
┌市販のめんつゆ（2倍希釈）
│　　　　　　……大さじ2
│ごま油………小さじ1
└酢…………大さじ1
塩…………………少々

作り方
1 玉ねぎは縦に薄切りにし、塩をふって2〜3分おく。しんなりしたら冷水にはなし、水けをよく絞る。めんつゆドレッシングの材料を混ぜる。
2 ボールに玉ねぎを入れ、削り節を飾り用に少量残して加え、1のドレッシングも加えてあえる。器に盛り、残りの削り節を散らして、うずらの卵を割り落とす。

| 1人分70kcal | 塩分1.1g |

おかかとめんつゆでホッとする味。
うずらの卵をとろっとからめて。

こってり濃厚な炒めものは、
ご飯のお供にぴったり！

あっさり ☐☐☐■ こってり 📺

玉ねぎとエリンギのソース炒め

材料（2人分）
玉ねぎ …… ½個（約100g）
エリンギ……2本（約100g）
レタスの葉…………適宜
中濃ソース………大さじ2
塩…………………小さじ½
粗びき黒こしょう……適宜
サラダ油…………大さじ1

作り方
1 玉ねぎは8等分のくし形に切ってほぐす。エリンギは長さを半分に切り、手で食べやすい大きさに裂く。
2 フライパンにサラダ油を中火で熱し、玉ねぎを少し透き通るまで炒める。エリンギを加えてさっと炒め合わせ、中濃ソース、塩を加えて混ぜる。レタスとともに器に盛り、粗びき黒こしょうをふる。

| 1人分111kcal | 塩分2.5g |

青梗菜【Qing-geng-cai】

チンゲンツァイ

選び方

葉の色が濃い緑色で、茎が短めのもの、密に葉がついているものがよい。株の根元付近がふっくらとしているものは甘みがある。

栄養

疲労回復に効果があるビタミンCをはじめ、カルシウムや鉄分などのミネラルも豊富。高血圧や動脈硬化などの生活習慣病、ガン予防に効果があるβ-カロテンやビタミンEが特に多く含まれている。

青梗菜はごま油と塩でゆでると、色よく仕上がります。

あっさり					こってり

青梗菜のオイスターだれがけ

材料（2人分）
青梗菜 …… 2株（約200g）
オイスターだれ
- オイスターソース‥ 大さじ1
- 片栗粉………… 小さじ½
- しょうゆ、砂糖… 各大さじ½
- こしょう…………… 少々
- 水……………… 大さじ2
ごま油、塩………… 各少々

作り方
1 青梗菜は葉と茎に分け、茎は縦4等分に切って長さを半分に切る。

2 フライパンにたっぷりの水と、ごま油、塩を入れて沸騰させる。青梗菜の茎を入れて1分ほどゆで、ざるに取る。続けて葉を入れて30秒ほどゆで、ざるに上げる。水けをきり、器に盛る。

3 フライパンをさっと拭き、オイスターだれの材料を入れて中火にかけ、煮立てる。とろみがついたら火を止め、青梗菜に回しかける。

| 1人分35kcal | 塩分1.8g |

あっさり					こってり

青梗菜の和風カレー炒め

材料（2人分）
青梗菜 …… 2株（約200g）
みそ……………… 小さじ2
カレー粉………… 小さじ⅓
サラダ油………… 小さじ1

作り方
1 青梗菜は根元を切り、一口大に切る。耐熱皿に広げ入れてふんわりとラップをかけ、電子レンジで1分ほど加熱し、粗熱を取って水けをきる。

2 フライパンにみそ、カレー粉、サラダ油を入れて混ぜ、中火にかける。香りが立ったら、青梗菜を加えてさっと炒める。

| 1人分40kcal | 塩分0.8g |

みそを加えた、ちょっぴり和風のカレー味が新鮮！

48

あっさり □□■□ こってり

青梗菜の煮びたし

材料（2人分）
青梗菜 …… 2株（約200g）
煮汁
┌ オイスターソース
　　…………… 大さじ½
│ 鶏ガラスープの素（顆粒）
　　…………… 小さじ⅓
│ しょうゆ ……… 小さじ½
└ 水 …………… ½カップ

| 1人分16kcal | 塩分1.0g |

作り方
1 青梗菜は葉と茎に切り分ける。葉は長さ5cmに切り、茎は縦8等分のくし形に切る。

2 鍋に煮汁の材料を入れて中火にかけ、煮立ったら、青梗菜の茎を入れる。混ぜながら2分ほど煮て鍋の端に寄せ、あいているところに青梗菜の葉を加える。さらに1〜2分煮て、しんなりとしたら火を止める。

こくのあるオイスターソースで煮て、中華風の煮ものに。

あっさり ■□□□ こってり

青梗菜とねぎの卵炒め

材料（2人分）
青梗菜 …… 2株（約200g）
ねぎの斜め薄切り …5cm分
卵液
┌ 溶き卵 …………… 1個分
└ 塩、こしょう …… 各少々
合わせ調味料
┌ 鶏ガラスープの素（顆粒）、
│ 塩 …………… 各小さじ¼
└ 湯、酒 ……… 各大さじ1
塩、こしょう ……… 各少々
サラダ油 ………… 大さじ1

| 1人分113kcal | 塩分1.3g |

作り方
1 青梗菜は葉と茎に切り分け、葉は大きめの一口大に切る。茎は長さ3〜4cmに切ってから縦に幅1cmに切る。卵液の材料を混ぜる。合わせ調味料の材料を混ぜる。

2 フライパンにサラダ油を中火で熱し、卵液を入れて半熟状になったら取り出す。合わせ調味料を中火で煮立て青梗菜の茎、ねぎを加え、ふたをして弱火で1分ほど煮る。

3 ふたを取って強火にし、青梗菜の葉を加えて2分ほど炒める。卵を戻し入れて混ぜ、塩、こしょうをふる。

野菜の甘みと卵のやさしい口当たりを楽しんで。

あっさり □□■□ こってり 🎁

青梗菜のおかかマヨじょうゆあえ

材料（2人分）
青梗菜 …… 2株（約200g）
削り節 …小1パック（約3g）
しょうゆ ………… 小さじ1
マヨネーズ ……… 小さじ2

| 1人分43kcal | 塩分0.6g |

作り方
1 鍋に湯を沸かし、青梗菜の葉を持ったまま茎を湯に入れ、3分ほどゆでる。葉も湯に沈め、さらに1分ほどゆでて水けをきる。粗熱を取って水けを絞り、根元を切ってから長さ3cmに切る。

2 ボールに削り節、しょうゆを混ぜてから、マヨネーズを加えて混ぜる。青梗菜を加えてあえる。

おかかじょうゆにマヨネーズを加え、マイルドな味わいに。

トマト 【Tomato】

あっさり ▢▢▩▢▢ こってり

トマトの卵炒め

材料（2人分）
トマト……… 2個（約300g）
卵………………………2個
鶏ガラスープの素（顆粒）
……………………小さじ¼
塩、こしょう………各適宜
ごま油……………大さじ1

| 1人分 154kcal | 塩分 1.3g |

作り方
1 トマトはへたを取り、6等分のくし形に切る。ボールに卵を割りほぐし、鶏ガラスープの素と、塩、こしょう各少々を加えて混ぜる。
2 フライパンにごま油大さじ½を強火で熱し、1の卵液を流し入れる。大きく混ぜ、半熟状になったら取り出す。
3 フライパンの汚れをさっと拭き、ごま油大さじ½を中火で熱する。トマトを加えて身が少しくずれるまで炒め、塩、こしょう各少々を加える。卵を戻し入れ、さっと炒める。

トマトの酸味を卵がマイルドにまとめます。

にんにくが入らないナムルは、おべんとうにもぴったりです。

あっさり ▢▢▩▢▢ こってり 📺

トマトと万能ねぎのナムル

材料（2人分）
トマト……… 1個（約150g）
万能ねぎ ………… 3～4本
調味用
「 白いりごま、ごま油
……………… 各小さじ1
└ 塩、砂糖………… 各少々

| 1人分 43kcal | 塩分 0.5g |

作り方
1 トマトはへたを取り、4等分のくし形に切ってから、横に幅1cmに切る。万能ねぎは幅1cmの斜め切りにする。
2 ボールにトマト、万能ねぎを入れてざっと混ぜ、調味用の材料を加えてよくあえる。

トマトは皮を湯むきすることで、
味のなじみが断然アップ。

あっさり □■■□□ こってり

トマトの和風サラダ

材料（2人分）
トマト（大）…1個（約200g）
好みのスプラウト
　　　…… ½パック（約20g）
しょうがのすりおろし… 少々
市販のめんつゆ（2倍希釈）
　　　…………… 大さじ1½

作り方
1 トマトはへたを取り、へたの反対側に十文字に浅い切り目を入れる。熱湯に入れて皮がはじけてきたら取り出し、水にとって手で皮をむき、水けをきる。縦半分に切り、横に幅1cmに切って器に盛る。
2 めんつゆに水大さじ½を加えて混ぜ、トマトにかける。スプラウトは根元を切り、しょうがとともにのせる。

| 1人分29kcal | 塩分0.8g |

あっさり ■□□□□ こってり

トマトのハニーマスタードマリネ

材料（2人分）
トマト（小）…2個（約200g）
玉ねぎ……… ⅛個（約25g）
マリネ液
　はちみつ………… 大さじ½
　粒マスタード…… 小さじ1
　塩……………… 小さじ⅓

作り方
トマトはへたを取り、8等分のくし形に切る。玉ねぎは横に薄切りにする。ボールにマリネ液の材料を混ぜ、トマト、玉ねぎを加えてあえる。

| 1人分44kcal | 塩分1.1g |

マスタードの酸味とはちみつの
甘みで、よりフルーティな味わいに。

トマト

焼いたトマトは酸味がまろやかに
なり、とろけるような口当たり。

あっさり □□■□□ こってり

トマトのチーズ焼き

材料（2人分）
トマト（大）…2個（約400g）
ピザ用チーズ…………40g
バター ………… 小さじ2強
しょうゆ………… 小さじ1
塩……………… 小さじ⅓
粗びき黒こしょう …… 適宜

作り方
1 トマトはへたを取って上下を少し切る。横半分に切り、切り口に塩を等分にふる。
2 フライパンにバターを中火で熱し、溶けたらトマトを切り口を下にして並べ入れ、ふたをして3分ほど蒸し焼きにする。裏返してピザ用チーズをのせ、弱火にしてふたをし、さらに2分ほど蒸し焼きにする。しょうゆを回しかけて火を止め、器に盛って粗びき黒こしょうをふる。

| 1人分154kcal | 塩分1.9g |

あっさり □■□□□ こってり

冷やしトマト ねぎ榨菜のせ

材料（2人分）
トマト ……… 1個（約150g）
ねぎ …………………… 5cm
榨菜（びん詰）………… 20g
ごま油 …………… 小さじ1

1人分39kcal ┃ 塩分0.7g

作り方
1 ねぎは縦に1本切り目を入れて開き、しんを取り除く。縦にせん切りにし、3分ほど水にさらして水けをきる（しらがねぎ）。
2 トマトはへたを取り、8等分のくし形に切ってから斜め半分に切り、器に盛る。榨菜は粗く刻み、しらがねぎ、ごま油とあえて、トマトにのせる。

火を使わないお手軽小鉢。榨菜の塩けで、ご飯もお酒もすすむ！

ポン酢を混ぜたツナをたっぷりとのせ、ボリュームのあるひと皿に。

あっさり □□■□□ こってり

トマトのツナポン酢がけ

材料（2人分）
トマト …… 2個（約300g）
ツナ缶詰（ブロックタイプ・
　80g入り）………… 1缶
ねぎのみじん切り…… ⅓本分
市販のポン酢しょうゆ
　………………… 大さじ2

1人分152kcal ┃ 塩分1.7g

作り方
トマトはへたを取り、幅7〜8mmの輪切りにして器に盛る。ツナは缶汁をきって粗くほぐし、ボールに入れる。ねぎ、ポン酢を加えてよく混ぜ、トマトにのせる。

あっさり □□■□□ こってり

トマトのにんじんドレッシング

材料（2人分）
トマト ……… 1個（約150g）
にんじんドレッシング
┌ にんじん（小）
│　……… ⅓本（約40g）
│ レモン汁 ……… 小さじ2
│ はちみつ、サラダ油
│　………………… 各小さじ1
│ 塩 ………… 小さじ¼
└ こしょう ………… 少々

1人分52kcal ┃ 塩分0.8g

作り方
1 にんじんはよく洗って皮ごとすりおろし、ボールに入れる。残りのにんじんドレッシングの材料を加えて混ぜる。
2 トマトはへたを取り、8等分のくし形に切る。トマトを器に盛り、にんじんドレッシングをかける。

おろしにんじんで、食べごたえあるドレッシングに。

あっさり □■□□ こってり

まるごとトマトの和風ココット

材料（2人分）
トマト……… 2個（約300g）
青じその葉…………… 1枚
削り節 ….. ½パック（約2g）
和風だしの素（顆粒）
……………… 小さじ1
塩…………………… 少々

| 1人分35kcal | 塩分0.9g |

作り方
1 青じそは軸を切り、粗く刻む。トマトはへたを取り、へたの反対側に十文字に深く切り目を入れる。切れ目を上にして、1個ずつ耐熱の器に入れる。
2 トマトの切れ目にだしの素と塩をのせ、ふんわりとラップをかけて、電子レンジで2分ほど加熱する。削り節と青じそをのせ、トマトをくずしながらいただく。

トマトにだしの風味をうつしながらレンジで蒸す、ユニークな一品。

トマトと梅の酸味をごま油でマイルドに。

あっさり ■□□□ こってり

トマトとわかめの梅じょうゆあえ

トマト

材料（2人分）
トマト……… 1個（約150g）
カットわかめ（乾燥）
………… 大さじ1（約3g）
梅干し（塩分約10％のもの）
…………………… 1個
しょうゆ、みりん…. 各小さじ1
ごま油………… 小さじ½

| 1人分42kcal | 塩分0.9g |

作り方
1 わかめは水に3分ほど浸してもどし、水けを絞る。トマトはへたを取り、縦6等分のくし形に切ってから横半分に切る。梅干しは種を除き、包丁で粗くたたく。
2 ボールに梅干し、しょうゆ、みりん、ごま油を混ぜ、トマト、わかめを加えてさっとあえる。

あっさり □□■□ こってり

トマトのペペロンチーノ風

材料（2人分）
トマト……… 2個（約300g）
赤唐辛子の小口切り ….1本分
にんにくの粗いみじん切り
…………………… 1かけ分
オリーブオイル…… 大さじ1
塩………………… 小さじ¼
粗びき黒こしょう …… 少々

| 1人分100kcal | 塩分0.7g |

作り方
トマトはへたを取り、一口大に切る。フライパンにオリーブオイルとにんにく、赤唐辛子を入れて中火にかけ、香りが出てきたらトマトを加える。温める程度にさっと炒め、塩、粗びき黒こしょうをふって混ぜ、火を止める。

さっと炒め、表面だけとろっとしたトマトは独特のおいしさ。

長いも 【Yam】

選び方

皮の色がきれいな茶色で、つやがあるもの、太さが均一でまっすぐのびているものが良品。表面に黒っぽいしみや傷があるものは避けて。

栄養

血圧を下げる効果がある、カリウムの含有量がトップクラス。また、長いも特有の粘りの成分であるムチンには、胃の粘膜を保護したり、肝臓や腎臓の働きを強化する作用がある。

あっさり ▢▢▨▢▢ こってり

長いもと貝割れの明太あえ

材料（2人分）
長いも …… 10cm（約200g）
貝割れ菜
　……… ½パック（約50g）
辛子明太子のほぐし身
　……… ¼はら分（約30g）
ごま油 ………… 小さじ1
塩 ………………… 少々
刻みのり …………… 適宜

| 1人分99kcal | 塩分1.1g |

作り方
1 長いもは皮をむいてポリ袋に入れ、袋の上からめん棒などでたたいて、小さめの一口大に割る。
2 ボールに長いも、貝割れ、明太子、ごま油を入れてかるくあえる。味をみて塩でととのえ、器に盛って刻みのりをのせる。

こくのあるごま油で、
あとを引くおいしさに。

たたくだけだから包丁いらず。青じそのさわやかな香りが食欲をそそります。

あっさり ▢▨▢▢▢ こってり

長いもの青じそしょうゆあえ

材料（2人分）
長いも ……………… 250g
青じそしょうゆ
┌ 青じその葉 …… 5〜6枚
│ オリーブオイル … 大さじ2
└ しょうゆ ……… 大さじ1

| 1人分199kcal | 塩分1.3g |

作り方
1 長いもはピーラーで皮をむき、ポリ袋に入れて、めん棒などで食べやすい大きさにたたく。
2 青じそは軸を切り、ボールに細かくちぎって入れる。残りの青じそしょうゆの材料を加えて混ぜ、長いもを加えてあえる。

こんがり香ばしい長いもに、
スパイシーなカレー味がよく合う！

長いものソテー カレーじょうゆがけ

材料 (2人分)
長いも ……………… 300g
しょうゆ ………… 大さじ1
カレー粉………… 小さじ½
サラダ油………… 大さじ½

作り方
1 長いもは皮をむいて長さ7㎝に切り、それぞれ縦に4〜6等分に切る。しょうゆ、カレー粉を混ぜる。
2 フライパンにサラダ油を中火で熱し、長いもを並べ入れる。ときどき返しながら、全体がこんがりするまで5分ほど焼く。カレーじょうゆを回しかけ、全体にからめる。

| 1人分124kcal | 塩分1.3g |

あっさり ☐▧☐☐☐ こってり

長いものめんつゆ煮

材料 (2人分)
長いも ……………… 300g
三つ葉……………… 適宜
市販のめんつゆ (3倍希釈)
……………… 大さじ2

作り方
1 長いもは皮をむき、幅1.5㎝の輪切りにする。大きければさらに半分に切る。三つ葉は長さ2㎝に切る。
2 鍋にめんつゆ、水¾カップ、長いもを入れて中火にかけ、煮立ったら弱火にして6分ほど煮る。器に盛り、三つ葉を散らす。

| 1人分103kcal | 塩分1.5g |

さっと煮た長いもの、サクッと
した食感を楽しんで。

温泉卵とのりのつくだ煮を
からめると、やみつきになるおいしさ！

あっさり ☐☐▧☐☐ こってり

温たまのせ長いもサラダ

材料 (2人分)
長いも …… 10㎝(約200g)
市販の温泉卵………… 2個
のりのつくだ煮…… 小さじ2
塩………………… 少々

作り方
1 長いもは皮をむき、長さ5㎝の細切りにして、塩をまぶす。
2 長いもを器に盛り、温泉卵とのりのつくだ煮をのせる。

| 1人分146kcal | 塩分1.1g |

長いも

なす 【Eggplant】

選び方

へたのとげがとがっているもの、がくがピンとしているもの、皮の色が均一でつやのあるものが新鮮。

栄養

なすの皮にはナスニンというアントシアニン系色素と、アクの成分であるクロロゲン酸が含まれており、どちらも強い抗酸化作用がある。またカリウムを多く含むため、利尿作用を促し、水分の代謝を高めてむくみを取る効果も。

淡泊な蒸しなすも、濃厚なアボカドと合わせれば満足度アップ。

あっさり ▢▢▢▢▢ こってり

蒸しなすとアボカドのレモンマリネ

材料（2人分）
なす……………2個（約180g）
アボカド…………………… ½個
パセリのみじん切り 大さじ1
レモン汁………… 大さじ½
塩………………… 小さじ¼
オリーブオイル…… 大さじ1
粗びき黒こしょう …… 適宜

| 1人分140kcal | 塩分0.7g |

作り方
1 なすはへたを切ってピーラーで皮をむき、水に5分ほどさらす。水けをきって耐熱皿にのせ、ふんわりとラップをかけて電子レンジで3分ほど加熱する。ラップを取って粗熱を取り、縦半分に切ってから横に幅1cmに切る。アボカドは種を取って皮をむき、2cm角に切る。

2 ボールにレモン汁、塩を混ぜ、オリーブオイルを加えてさらに混ぜる。なす、アボカド、パセリを加えてさっとあえ、器に盛って粗びき黒こしょうをふる。

あっさり ▢▢▢▢▢ こってり

なすのしぎ焼き風

材料（2人分）
なす……… 3個（約270g）
煮汁
┌ 砂糖………… 大さじ1½
│ みそ ………… 大さじ1強
└ 水…………… ¼カップ
サラダ油………… 大さじ1

| 1人分127kcal | 塩分1.2g |

作り方
1 煮汁の材料を混ぜる。なすはへたを切り、一口大の乱切りにする。

2 フライパンにサラダ油を中火で熱し、なすを炒める。全体に油が回ったら、煮汁を加えてふたをし、3〜4分蒸し煮にする。なすが柔らかくなったらふたを取り、煮汁をからめる。

こっくり濃厚な甘みそ味で、副菜ながらご飯がどんどんすすむ！

あっさり ▢▢▢▢ こってり

なすのしょうが煮

材料（2人分）
なす ………… 2個（約180g）
みょうが ………………… 1個
しょうがのせん切り … ½かけ分
煮汁
┌ だし汁 ………… 1カップ
│ しょうゆ、みりん
│ ………… 各大さじ1
│ 砂糖 ………… 小さじ2
└ 塩 ………… 小さじ¼

作り方
1 なすはへたを切って縦半分に切り、皮目に浅く、斜めに5mm間隔で切り目を入れる。みょうがは縦半分に切ってから、縦にせん切りにする。
2 小鍋に煮汁の材料を混ぜ、中火にかける。煮立ったらなす、しょうがを加え、落としぶたをして7分ほど煮る。器に盛り、みょうがをのせる。

| 1人分42kcal | 塩分1.1g |

なすは皮目に包丁を入れ、中まで味をしみ込ませて。冷やして食べても！

青じそはトッピングにも使い、風味を立たせます。

あっさり ▢▢▢▢ こってり

なすとソーセージのしそ炒め

なす

材料（2人分）
なす ………… 2個（約180g）
ウインナソーセージ
 ………… 6本（約80g）
青じその葉 ………… 8枚
塩 ………… 小さじ¼〜⅓
酒 ………… 大さじ1
ごま油 ………… 大さじ3
粗びき黒こしょう …… 適宜

作り方
1 青じそは軸を切り、縦にせん切りにする。なすはへたを切り、一口大の乱切りにする。ソーセージは3つ〜4つの乱切りにする。
2 フライパンにごま油を中火で熱し、なすを2〜3分炒める。しんなりとしたら余分な油を拭き、ソーセージを加えて焼き色がつくまで炒め合わせる。塩、酒をふって混ぜ、汁けがなくなったら火を止め、青じその½量を加えて手早く全体になじませる。器に盛って残りの青じそをのせ、粗びき黒こしょうをふる。

| 1人分260kcal | 塩分1.5g |

あっさり ▢▢▢▢ こってり

なすステーキのねぎポン酢だれがけ

材料（2人分）
なす（大）…… 3個（約300g）
ねぎポン酢だれ
┌ 万能ねぎの小口切り
│ ………… 3本分（約15g）
│ 市販のポン酢しょうゆ
│ ………… 大さじ2
削り節 … 小1パック（約3g）
サラダ油 ………… 大さじ2

作り方
1 なすはへたを切り、一個を縦4つに切る。ねぎポン酢だれの材料を混ぜる。
2 フライパンにサラダ油を弱めの中火で熱し、なすを並べ入れる。2分ほど焼き、焼き色がついたら裏返して1〜2分焼く。器に盛ってねぎポン酢だれをかけ、削り節を散らす。

| 1人分157kcal | 塩分1.4g |

香ばしく焼いたなすとさっぱりポン酢は相性抜群！

レンジで蒸したなすは柔らか。
しょうががきいた、さっぱり味です。

あっさり □■□□□ こってり

蒸しなすとツナのしょうがじょうゆあえ

材料（2人分）
なす（大）……2個（約200g）
ツナ缶詰（80g入り）……1缶
しょうがのすりおろし
　……………………1かけ分
しょうゆ……………大さじ½

作り方
1 なすはへたを切ってピーラーで皮をむき、1個ずつラップに包んで、電子レンジで2分30秒ほど加熱する。ラップをはずし、水にさらしてさます。水けをきり、手で食べやすい太さに裂く。

2 ツナは缶汁をきってボールに入れ、かるくほぐす。なす、しょうが、しょうゆを加えてあえる。

| 1人分120kcal | 塩分0.9g |

あっさり □□■□□ こってり 📺

なすとオクラのごまあえ

材料（2人分）
なす………2個（約180g）
オクラ………………4本
あえごろも
┌ オリーブオイル、しょうゆ
│　……………各大さじ1
│ 白いりごま……小さじ1
│ 砂糖、練り辛子
└　……………各小さじ½
塩………………少々

| 1人分101kcal | 塩分1.4g |

作り方
1 なすはへたを切り、一口大の乱切りにする。オクラはへたを切り、がくのまわりの角を薄くそぎ取る。まな板に並べ、塩をふってころがし、うぶ毛を取る（板ずり）。さっと水で洗って、水けをきる。縦半分に切ってなすとともに耐熱のボールに入れ、ふんわりとラップをかけて電子レンジで3分ほど加熱する。取り出して、粗熱を取る。

2 別のボールにあえごろもの材料を混ぜ、なす、オクラを加えてあえる。

オリーブオイルも加え、
ちょっぴり洋風のごまあえに。

とろっとなるまで香ばしく焼いたなすは、
あつあつはもちろん、さめてもおいしい。

あっさり □□■□□ こってり

なすのソテー　ねぎ塩だれ

材料（2人分）
なす（大）……2個（約200g）
ねぎ塩だれ
┌ ねぎのみじん切り…½本分
│ にんにくのすりおろし
│　……………………½かけ分
│ ごま油…………大さじ2
│ 塩、和風だしの素（顆粒）
└　……………各小さじ¼
サラダ油…………大さじ1

作り方
1 なすはへたを切り、幅1cmの輪切りにする。ねぎ塩だれの材料を混ぜる。

2 フライパンにサラダ油を強めの中火で熱し、なすを並べ入れて、焼き色がつくまで両面を2〜3分ずつ焼く。器に盛り、ねぎ塩だれをかける。

| 1人分199kcal | 塩分0.9g |

レンジ蒸しにしたなすを
たたき風に仕上げます。

あっさり □□□□ こってり

蒸しなすのポン酢がけ

材料（2人分）
なす ……… 2個（約180g）
みょうが …………… 2個
万能ねぎの小口切り
　………… 2～3本分
しょうがのすりおろし
　………… 1かけ分
市販のポン酢しょうゆ … 適宜

| 1人分29kcal | 塩分0.7g |

作り方
1 なすはへたを切り、ピーラーで皮をしま目にむく。耐熱皿にのせてふんわりとラップをかけ、電子レンジで2～3分加熱し、ラップをはずしてさます。みょうがは縦半分に切り、さらに斜め薄切りにする。

2 なすを縦半分に切り、さらに幅1cmの斜め切りにして器に盛り、みょうが、しょうが、万能ねぎをのせてポン酢しょうゆをかける。

あっさり □□□□ こってり

レンジなすの香味じょうゆがけ

材料（2人分）
なす ……… 2個（約180g）
香味じょうゆ
┌ ねぎのみじん切り … 10cm分
│ しょうがのみじん切り
│ ………… ½かけ分
│ しょうゆ ……… 大さじ1
│ 酢、ごま油、オイスターソース
│ ……… 各小さじ2
│ 砂糖 ………… 小さじ½
└ 粗びき黒こしょう … 少々

| 1人分75kcal | 塩分2.0g |

作り方
1 なすはへたを切り、皮目に縦に1本、切り目を入れ、耐熱のボールに入れる。ラップをふんわりとかけ、電子レンジで2分ほど加熱し、そのままさます。

2 香味じょうゆの材料を混ぜる。なすの粗熱が取れたら、食べやすく裂いて器に盛り、香味じょうゆをかける。

かくし味にオイスターソースを
加え、奥深い味わいに。

なす

塩昆布で簡単に味が決まる！
薄切りにしたなすの食感が魅力です。

あっさり □□□□ こってり

なすの昆布浅漬け

材料（2人分）
なす ……… 2個（約180g）
塩昆布（細切り） ……… 10g
青じその葉 ……… 4～5枚
しょうがのせん切り … 1かけ分

| 1人分26kcal | 塩分0.9g |

作り方
1 なすはへたを切り、縦半分に切ってから横に薄切りにし、3分ほど水にさらして水けを絞る。青じそは軸を切り、縦にせん切りにする。

2 ボールになす、青じそ、しょうが、塩昆布を入れてよくもむ。

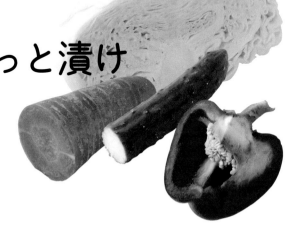

4つの漬け汁で
残り野菜のちょこっと漬け

キャベツの中心部分や玉ねぎ半分など、野菜の使い残しは冷蔵庫で忘れられていくこともしばしば。そんなとき知っていると便利なのが、即席漬けのラクチンレシピです。食べやすく切ったら、ポリ袋に入れた漬け汁に一晩漬けるだけ！ 残り野菜が気のきいた一品に早変わりします。ポリ袋だから冷蔵庫で省スペースなのもうれしいポイント！

基本の作り方

1

生で食べられる野菜（約150gが目安）を、食べやすい大きさに切る。ポリ袋に漬け汁の材料を入れて混ぜる。

2

ポリ袋に野菜を加え、全体に漬け汁をからめる。ポリ袋の中の空気を抜くようにして口を閉じ、冷蔵庫で一晩置いて味をなじませる。3〜4日で食べきるようにする。

※生で食べられないもの（きのこ、オクラなど）、かさが大きいもの（キャベツ、白菜など）はゆでるかレンジ加熱してから漬ける。

甘酢漬け 1

材料 (作りやすい分量)
酢、砂糖、水 ………… 各大さじ3
塩 …………………… 小さじ1

● オススメ野菜
プチトマト、にんじん、玉ねぎ

絶妙な甘酸っぱさが
くせになる!

プチトマトの甘酢漬け

プチトマト10〜12個(約150g)
はへたを取り、竹串で5カ所ほど
穴をあける。P60「基本の作り
方」を参照して同様に作る。

| ⅓量で53kcal | 塩分0.4g |

削り節のうまみが
しみわたります。

かぶのおかかじょうゆ漬け

かぶ(小)2個(約150g)は皮を
むき、8〜10等分のくし形に切
る。P60「基本の作り方」を参照
して同様に作る。

| ⅓量で31kcal | 塩分0.4g |

おかかじょうゆ漬け 2

材料 (作りやすい分量)
しょうゆ、みりん ……… 各大さじ1
削り節 ……… 小1パック(約3g)

● オススメ野菜
かぶ、大根、長いも

カレー風味漬け

材料（作りやすい分量）

酢、砂糖、水 ……………… 各大さじ3
塩 ………………………… 小さじ1
カレー粉 ………………… 小さじ1弱

● **オススメ野菜**
にんじん、玉ねぎ、パプリカ

ちょっぴりスパイシーで
洋風野菜にgood。

にんじんの
カレー風味漬け

にんじん1本（約150g）は皮をむ
き、幅3mmの半月切り、細い部分
は輪切りにする。P60「基本の
作り方」を参照して同様に作る。

| ⅓量で56kcal | 塩分1.2g |

きゅうりの中華風
スタミナじょうゆ漬け

きゅうり（小）2本（約150g）は
両端を切り、長さを3等分に切
ってから、縦4等分に切る。P60
「基本の作り方」を参照して同
様に作る。

| ⅓量で38kcal | 塩分0.9g |

にんにく&しょうがで
パンチをきかせて。

中華風スタミナ
じょうゆ漬け

材料（作りやすい分量）

にんにくの薄切り ……………… 2枚
しょうがの薄切り ……………… 2枚
しょうゆ ………………………… 大さじ1
砂糖、ごま油 …………… 各大さじ½

● **オススメ野菜**
きゅうり、かぶ、大根

いろんな野菜が
少しずつ残ったら……
クイックピクルスに！

半端に残った数種類の野菜を、無駄なくおいしく使いきるならクイックピクルスがおすすめ。ピクルス液にしっかり甘みをきかせると、酸味とのバランスがよくなり、味がぼやけません。色とりどりの野菜を選んで漬ければ、見た目にも華やかな常備菜になります。

材料 (作りやすい分量)
好みの生で食べられる野菜 (玉ねぎ、
　きゅうり、かぶ、大根、にんじん、
　パプリカなど) …………… 500g
ピクルス液
┌ ローリエ ……………………… 2枚
　赤唐辛子 (小) ……………… 1本
　酢………………………… 1カップ
　砂糖…………………………100g
　塩…………………………… 小さじ2
└ 水………………………… ⅔カップ

作り方
1 好みの野菜はあれば皮をむいたり、へたや種を取り、食べやすい大きさに切る。保存容器 (熱湯消毒したもの) に入れる。
2 鍋にピクルス液の材料を入れて中火にかけ、煮立ったら火を止める。粗熱が取れたら**1**の保存容器に加え、完全にさましてから密閉し、冷蔵庫に入れる。

| ⅛量で**70**kcal | 塩分**0.7**g |

● **保存法と保存期間**
冷蔵庫で3週間ほど保存できる。

※早めに食べきってしまった場合、再度野菜を漬けることも可能。ただし、味が薄まっているので、ピクルス液を鍋に移し、酢¼カップ、砂糖大さじ1、塩小さじ½を目安に加えて混ぜ、再度煮立たせる。粗熱を取り、保存容器に戻して同様に漬ける。

にんじん 【Carrot】

あっさり ☐☐■☐☐ こってり

アーモンド入りキャロットラペ

材料（2人分）
にんじん……1本（約150g）
アーモンドスライス……10g
酢、オリーブオイル
　　　　……各小さじ1
塩……………適宜
こしょう……………少々

| 1人分73kcal | 塩分0.9g |

作り方

1 にんじんは皮をむいて斜め薄切りにし、縦にせん切りにする。ボールに入れて、塩小さじ⅓をまぶして5分ほどおく。オーブントースターの天板にアルミホイルを敷き、アーモンドスライスを広げて1分ほど焼く。

2 1のボールに酢、オリーブオイルを順に加え、そのつどかるくあえる。塩少々と、こしょうをふってさっと混ぜ、器に盛ってアーモンドスライスを散らす。

砂糖を使わず、さっぱり味に仕上げて。アーモンドの食感がアクセント。

初めにじゃこだけを炒め、香ばしさを際立たせます。

あっさり ☐☐■☐☐ こってり

にんじんとじゃこのきんぴら

材料（2人分）
にんじん……1本（約150g）
ちりめんじゃこ
　　……大さじ3（約15g）
ごま油……………小さじ1
しょうゆ、みりん、酒
　　……………各小さじ1

| 1人分71kcal | 塩分1.0g |

作り方

1 にんじんは皮をむいて縦半分に切り、横に薄切りにする。

2 フライパンにごま油を中火で熱し、じゃこを入れて炒める。少し色づいてきたらにんじんを加え、1〜2分炒め合わせる。しょうゆ、みりん、酒を加え、にんじんが少ししんなりとするまで、2分ほど炒める。

甘酸っぱいケチャップで炒めて、
人気のナポリタン風の味に。

あっさり ☐☐☐■☐ こってり

にんじんとコーンのケチャップ炒め

材料（2人分）
にんじん……1本（約150g）
ホールコーン（缶詰）……30g
玉ねぎ………¼個（約50g）
ケチャップだれ
「トマトケチャップ
　　　　　　　大さじ1½
└塩、こしょう……各少々
サラダ油…………小さじ1

作り方
1 にんじんは皮をむき、長さ3cmに切ってから縦に薄切りにし、さらに縦に幅1cmに切る。玉ねぎは縦に薄切りにする。
2 フライパンにサラダ油を弱めの中火で熱し、にんじん、玉ねぎを2分ほど炒める。コーンを加えてひと混ぜし、ケチャップだれの材料を順に加えて、全体になじむまで炒める。

| 1人分78kcal | 塩分0.8g |

あっさり ☐☐■☐☐ こってり

にんじんのたらこナムル

材料（2人分）
にんじん……1本（約150g）
たらこのほぐし身 … 大さじ1
白すりごま、ごま油
　　　　　　……各小さじ1
塩…………………適宜

作り方
1 にんじんは皮をむき、斜め薄切りにしてから縦にせん切りにする。塩少々を入れた熱湯で1分ほどゆで、水けをきって粗熱を取る。
2 ボールにたらこ、白すりごま、ごま油と、塩少々を入れて混ぜ、にんじんを加えてあえる。

| 1人分66kcal | 塩分0.7g |

シンプルなナムルにたらこの
うまみをプラスして。

甘く煮つめたにんじんにバターを
からめ、とびきり風味よく。

あっさり ☐☐■☐☐ こってり

にんじんのグラッセ

材料（2人分）
にんじん……1本（約150g）
砂糖………………小さじ2
塩…………………小さじ½
バター……………大さじ1
こしょう…………少々
パセリ……………適宜

作り方
1 にんじんは皮をむき、幅7〜8mmの輪切りにする。パセリは粗く刻む。
2 小鍋ににんじん、砂糖、塩と、水¼カップを入れて混ぜる。ふたをして弱火にかけ、4分ほど煮る。ふたを取り、汁けがほとんどなくなるまでさらに1〜2分煮る。バターを加えてからめ、こしょうをふる。器に盛り、パセリを散らす。

| 1人分84kcal | 塩分1.7g |

白菜 【Chinese cabbage】

選び方

ずっしりと重く、外葉の緑が濃くて生き生きとしているもの、葉が開きすぎていないものを。カットされている場合は、葉がすきまなくぎっしり詰まっていて、断面が平らなものを選んで。

栄養

白菜はほとんどが水分だが、比較的カリウムやカルシウムなどのミネラルを多く含む。また、風邪の予防を期待できるビタミンCも含むので、旬の冬に食べるのが効果的。甘みがありつつ、低カロリーなのも魅力。

こくのあるみそとすりごまに甘さを加え、滋味深い味わいに。

あっさり ▢▢▢▢▢ こってり

白菜とにんじんのごまみそあえ

材料（2人分）
白菜 ……… ⅛株（約300g）
にんじん ……… 3cm（約30g）
塩 ……………………… 小さじ¼
砂糖、みそ ……… 各小さじ1
白すりごま ………………… 適宜

作り方
1 白菜は3〜4cm四方に切る。にんじんは皮をむき、薄い輪切りにする。
2 耐熱のボールに白菜、にんじんを入れ、塩を全体にまぶす。ふんわりとラップをかけ、電子レンジで3分ほど加熱する。ボールを傾けて、蒸し汁の部分に砂糖、みそを加え、よく溶かしてから、全体を混ぜ合わせる。白すりごま小さじ2を加え、さっと混ぜて器に盛り、白すりごま適宜をふる。

| 1人分40kcal | 塩分1.1g |

あっさり ▢▢▢▢▢ こってり

白菜としらすの青のり風味サラダ

材料（2人分）
白菜の葉 …… 3枚（約300g）
しらす干し …………… 40g
青のり …………… 小さじ1
フレンチドレッシング
┌ 酢 …………… 大さじ1
│ サラダ油 ……… 大さじ½
└ 塩 …………… 小さじ⅓

作り方
白菜は横に細切りにする。ボールにフレンチドレッシングの材料を混ぜる。白菜、しらす、青のりを加え、全体がなじむまで混ぜ合わせる。

| 1人分74kcal | 塩分1.9g |

生の白菜のみずみずしさを、磯の香り豊かなドレッシングで味わって。

あっさり ▢▢▢▢ こってり

白菜とハムのさっぱり蒸し

材料（2人分）
白菜………… ⅙株（約300g）
ハム…………… 1枚（約20g）
塩………………… 小さじ½
レモン汁………… 大さじ½
オリーブオイル…… 大さじ½
粗びき黒こしょう…… 適宜

作り方
1 白菜は3〜4cm四方に切る。ハムは放射状に6等分に切る。

2 耐熱のボールに白菜を入れ、塩を全体にまぶす。表面を平らにしてハムをのせ、ふんわりとラップをかけて、電子レンジで3分ほど加熱する。ざっと混ぜ、レモン汁、オリーブオイルを順に加えて、そのつどあえる。器に盛り、粗びき黒こしょうをふる。

▌ 1人分69kcal ▌ 塩分1.7g ▌

レンジで蒸すからラク。レモン汁と
オリーブオイルで洋風に。

香味野菜とポン酢を混ぜた
納豆を、ソース代わりに。

あっさり ▢▢▢▢ こってり

炒め白菜の納豆ポン酢がけ

材料（2人分）
白菜の葉 …… 2枚（約200g）
ひき割り納豆
………… 1パック（約40g）
ねぎ ………… ⅛本（約10g）
青じその葉……………2枚
市販のポン酢しょうゆ
………………… 大さじ1½
サラダ油………… 小さじ1

作り方
1 白菜は葉としんに切り分け、葉は食べやすく切り、しんは一口大のそぎ切りにする。ねぎはみじん切りにする。青じそは軸を切り、みじん切りにする。小さめの器に納豆をあけて練り混ぜ、ねぎ、青じそ、ポン酢しょうゆを加えて混ぜ、納豆ポン酢を作る。

2 フライパンにサラダ油を中火で熱し、白菜のしんを1分ほど炒める。葉を加え、30秒ほど炒めて器に盛る。1の納豆ポン酢をかける。

▌ 1人分81kcal ▌ 塩分1.0g ▌

あっさり ▢▢▢▢ こってり 🎁

白菜と桜えびの中華風炒め

材料（2人分）
白菜………… ⅙株（約300g）
桜えび…… 大さじ2（約5g）
塩………………… 小さじ¼
しょうゆ ………… 大さじ½
ごま油 …………… 大さじ1

作り方
1 白菜は葉としんに切り分け、葉は大きめの一口大に切る。しんは長さ4〜5cmに切ってから、縦に幅6〜7mmに切る。

2 フライパンにごま油を中火で熱し、桜えびを炒める。香りが立ったら白菜のしんを加え、塩をふってしんなりするまで2〜3分炒める。白菜の葉を加えてさっと混ぜ、しょうゆを回し入れる。全体がしんなりして、汁けがなくなるまで1〜2分炒める。

▌ 1人分87kcal ▌ 塩分1.5g ▌

桜えびは香りが立つまで
炒めることで、風味倍増！

白菜を塩もみすることで、
シャキシャキとした食感に。

白菜のたらこマヨあえ

材料（2人分）
白菜の葉 …… 2枚（約200g）
たらこマヨ
　┌ たらこのほぐし身
　　 …¼はら分（約大さじ1½）
　└ マヨネーズ ……… 大さじ1
青じその葉……………5枚
塩………………………少々

作り方
1 白菜は縦半分に切り、横に幅5mmに切る。塩をふってさっと混ぜ、5分ほどおく。青じそは軸を切り、縦にせん切りにする。
2 ボールにたらこマヨの材料を混ぜる。青じそと、白菜の水けを絞って加え、さっとあえる。

| 1人分72kcal | 塩分0.8g |

白菜と帆立てのとろみ煮

材料（2人分）
白菜の葉 …… 2枚（約200g）
帆立て貝柱の水煮缶詰
　（70g入り）…………1缶
しょうが（大）……… 1かけ
煮汁
　┌ 水 ……………1カップ
　　鶏ガラスープの素（顆粒）… 小さじ⅓
　　しょうゆ……… 小さじ½
　└ 塩……………小さじ¼
片栗粉…………… 大さじ½

作り方
1 白菜は葉としんに切り分け、葉は食べやすく切り、しんは一口大のそぎ切りにする。しょうがは皮をむき、せん切りにする。片栗粉を水大さじ1で溶く。
2 フライパンに煮汁の材料、しょうがと、帆立てを缶汁ごと入れて中火にかける。煮立ったら白菜を加えて2分ほど煮る。火を強め、再び煮立ったら水溶き片栗粉をもう一度混ぜてから加え、全体を混ぜる。

| 1人分57kcal | 塩分1.3g |

帆立ての缶汁もスープに
加えて煮るから、うまみ充分。

味がよくなじむよう、白菜もちくわも
細めに切るのがポイント。

白菜とちくわのおかかじょうゆあえ

材料（2人分）
白菜の葉 …… 1枚（約100g）
ちくわ……… 1本（約35g）
削り節… 小1パック（約3g）
しょうゆ ……………大さじ½

作り方
1 白菜は縦半分に切り、横に幅7〜8mmに切る。ちくわは縦半分に切り、幅5mmの斜め切りにする。
2 ボールにしょうゆと、水大さじ2を入れて混ぜる。白菜、ちくわ、削り節を加えてよくあえ、5分ほどおいて味をなじませる。

| 1人分34kcal | 塩分1.0g |

焼いた白菜は甘みが増し、粉チーズ＆ベーコンの塩けと絶妙に合います。

白菜とベーコンのトースター焼き

材料（2人分）
白菜の葉 …… 1枚（約100g）
ベーコン……… 1枚（約15g）
にんにくの薄切り …1かけ分
粉チーズ ………… 大さじ1
塩、粗びき黒こしょう
　　　　　　　　 各少々
オリーブオイル …… 大さじ1

作り方
1 白菜は横半分に切り、縦に幅7〜8mmに切る。ベーコンは細切りにする。
2 耐熱の器に白菜を広げ、塩をふる。ベーコン、にんにくをのせてオリーブオイルを回しかけ、粉チーズを全体に散らす。粗びき黒こしょうをふり、オーブントースターで、チーズに焼き色がつくまで6〜7分焼く。

| 1人分124kcal | 塩分0.6g |

あっさり □□□■□ こってり 🎁

白菜とソーセージのカレー炒め

材料（2人分）
白菜………… ⅙株（約300g）
ウインナソーセージ
　　　………… 3本（約40g）
カレー粉………… 大さじ½
ウスターソース … 大さじ1½
塩、こしょう……… 各少々
粉チーズ ………… 適宜
サラダ油………… 大さじ1

作り方
1 白菜は葉としんに切り分け、葉は大きめの一口大に切る。しんは長さ4〜5cmに切ってから、縦に幅6〜7mmに切る。ソーセージは幅1cmの斜め切りにする。
2 フライパンにサラダ油を中火で熱し、ソーセージを1分ほど炒める。端に寄せ、あいたところでカレー粉を炒め、香りが立ったら、白菜のしん、塩、こしょうを加え、2〜3分炒める。葉を加えてひと混ぜし、ウスターソースを回し入れる。汁けがなくなるまで1〜2分炒めて器に盛り、粉チーズをふる。

| 1人分208kcal | 塩分1.9g |

汁けをとばすように炒め、カレーの風味をまとわせます。

箸休めにぴったりな、酸味のきいた炒めもの。冷やしてもgood。

あっさり ■□□□□ こってり

白菜の甘酢炒め

材料（2人分）
白菜の葉 …… 2枚（約200g）
しょうがの薄切り（大）…2枚
赤唐辛子の小口切り… ½本分
砂糖……………… 大さじ1
酢……………… 大さじ1½
塩……………… 小さじ⅓
ごま油 ………… 大さじ1

作り方
1 白菜は長さ5cmに切り、縦に幅7〜8mmに切る。しょうがはせん切りにする。
2 フライパンにごま油を強火で熱し、しょうが、赤唐辛子を加えてさっと炒める。白菜を加えてしんなりするまで炒め、砂糖、酢、塩を加えてさっと混ぜる。

| 1人分90kcal | 塩分1.0g |

ブロッコリー 【Broccoli】

栄養

緑黄色野菜で、ビタミンやミネラルをバランスよく含む。免疫力を高めるβ-カロテンやビタミンC・Eのほか、カリウム、マグネシウム、カルシウム、食物繊維など、美容と健康にうれしい成分が豊富。

選び方

全体的に緑色が濃く鮮やかで、つぼみの粒が小さく、密集して引き締まっているものが◎。茎の切り口が変色しているもの、空洞があるものは避けて。

やさしい塩けのあんをとろりとかけ、満足度の高いひと皿に。

あっさり □□■□□ こってり

ブロッコリーのかにかまあん

材料 （2人分）
ブロッコリー… 1株（約250g）
かにかまあん用
┌ かに風味かまぼこ…… 4本（約50g）
│ 酒…………… 大さじ1
│ 鶏ガラスープの素（顆粒）… 小さじ½
│ 塩、しょうゆ… 各小さじ¼
└ 水…………… 1¼カップ
片栗粉…………… 小さじ2
しょうが汁……… 小さじ1
塩、サラダ油……… 各少々
ごま油…………… 小さじ1

作り方
1 ブロッコリーは小房に分ける。かにかまは粗くほぐす。片栗粉は水小さじ2で溶く。フライパンに湯を沸かし、塩、サラダ油を加えて、ブロッコリーを4〜5分ゆでる。水けをきり、器に盛る。

2 フライパンを拭き、かにかまあん用の材料を入れて中火にかける。煮立ったら、水溶き片栗粉をもう一度混ぜてから加え、よく混ぜてとろみをつける。しょうが汁、ごま油を加えてさっと混ぜ、ブロッコリーにかける。

| 1人分96kcal | 塩分1.8g |

あっさり ■□□□□ こってり

ブロッコリーと油揚げの卵とじ

材料 （2人分）
ブロッコリー（小）
……………1株（約200g）
油揚げ……………… 1枚
溶き卵……………… 1個分
玉ねぎ……… ¼個（約50g）
煮汁
┌ 水……………… ¾カップ
│ 市販のめんつゆ（3倍希釈）
└ ……………… 大さじ3

| 1人分154kcal | 塩分2.1g |

作り方
1 ブロッコリーは茎を切り分け、小房に分けて一房をさらに縦に3つに切る。茎は厚めに皮をむき、縦に薄切りにする。玉ねぎは縦に幅5mmに切る。油揚げは縦半分に切ってから、横に幅1cmに切る。

2 フライパンに煮汁の材料を入れて中火にかけ、煮立ったら玉ねぎ、油揚げを加えて弱火にし、2分ほど煮る。ブロッコリーを加え、ときどき返しながら1分ほど煮る。溶き卵を回し入れ、卵が固まったら火を止める。

油揚げのうまみがじんわりしみ出ためんつゆで、風味よく仕上げます。

あっさり ◻◻▨▨◻ こってり 📺

ブロッコリーのツナマヨ焼き

材料（2人分）
ブロッコリー（大）
‥‥‥‥‥ ½株（約150g）
ツナ缶詰（80g入り）‥‥1缶
塩‥‥‥‥‥‥‥‥ 小さじ½
マヨネーズ‥‥‥‥ 大さじ1
みそ‥‥‥‥‥‥ 小さじ1

| 1人分182kcal | 塩分1.1g |

作り方
1 ブロッコリーは小房に分ける。塩を加えた熱湯（水3カップが目安）で1分ほどゆで、水けをきって耐熱の器に盛る。

2 ツナは缶汁をかるくきってボールに入れ、マヨネーズ、みそを加えて混ぜる。ブロッコリーにかけ、オーブントースターで焼き色がつくまで4〜5分焼く。

みそ入りのツナマヨはこっくりとして、ブロッコリーと相性抜群。

レモンの果汁と果肉を使い、さわやかな味わいに。

あっさり ▨◻◻◻◻ こってり 📺

ブロッコリー

ブロッコリーの塩レモンあえ

材料（2人分）
ブロッコリー（小）
‥‥‥‥‥ 1株（約150g）
レモン（国産）‥‥‥‥‥ 1個
オリーブオイル‥‥‥ 大さじ2
塩‥‥‥‥‥‥‥‥‥‥ 適宜
砂糖、こしょう‥‥‥‥ 各少々

| 1人分140kcal | 塩分1.1g |

作り方
1 ブロッコリーは茎を切り分け、小房に分けて大きければ縦半分に切る。茎は厚めに皮をむき、一口大に切る。ともに熱湯で1分ほどゆで、水にとってさまし、水けをきる。

2 レモンは塩少々をふってこすり、よく洗って水けをきる。横半分に切り、½個はさらに縦半分に切る。¼個は横に薄切りにし、残りはすべて果汁を絞る。

3 ボールにレモン汁、オリーブオイル、砂糖、こしょうと、塩小さじ⅓を混ぜ、ブロッコリー、レモンの薄切りを加えてあえる。

あっさり ◻▨◻◻◻ こってり 📺

ブロッコリーと豆のゆずこしょうサラダ

材料（2人分）
ブロッコリー（小）
‥‥‥‥‥ 1株（約200g）
ミックスビーンズ（ドライパック・55g入り）‥‥‥ 1パック
ゆずこしょうドレッシング
　ゆずこしょう、砂糖‥ 各小さじ1
　酢‥‥‥‥‥‥ 小さじ2½
　しょうゆ‥‥‥‥ 小さじ2
　サラダ油‥‥‥‥ 大さじ1
　塩‥‥‥‥‥‥‥‥ 少々

| 1人分133kcal | 塩分1.7g |

作り方
1 ブロッコリーは小房に分ける。塩を加えた熱湯で3〜4分ゆで、ミックスビーンズを加えてさっとゆで、ともに水けをきる。

2 ボールにゆずこしょうドレッシングの材料を順に混ぜ、1を加えてさっとあえる。食べる直前まで冷蔵庫で冷やす。

ピリッと辛いゆずこしょう入りドレッシングがくせになります。

ほうれん草【Spinach】

葉先がピンと張っていて、葉肉が厚く、緑色が濃いもの、茎が適度に太く弾力性があり、ボリュームのあるものを。根元の赤みが強いほど、甘みが強くなる。

ほうれん草100gで、一日に必要なβ-カロテンの量と、鉄分の1/3量をとることができるといわれる。さらに鉄分の吸収を助けるビタミンCも豊富なので、鉄分不足解消に効果的。

あっさり □□■□□ こってり

ほうれん草とまいたけのしょうゆ炒め

材料（2人分）
ほうれん草
　………小1わ（約200g）
まいたけ…1パック（約100g）
ベーコン……2枚（約30g）
サラダ油…………大さじ1
しょうゆ…………大さじ1
塩………………適宜
こしょう…………少々

| 1人分150kcal | 塩分1.6g |

作り方
1 ほうれん草は根元を切って長さを3等分に切り、茎の太い部分は縦半分に切る。まいたけは食べやすくほぐす。ベーコンは幅3cmに切る。
2 フライパンにサラダ油を中火で熱し、ベーコンを入れて炒める。脂が出てきたら、ほうれん草、まいたけを加えて強火にし、ほうれん草がしんなりとするまで1～2分炒める。しょうゆをフライパンの縁から回し入れて全体を混ぜ、味をみて薄ければ塩ととのえる。こしょうを加えてさっと混ぜる。

初めにベーコンを炒め、油にうまみをうつすのがポイント！

ナムルにしたほうれん草をのりで巻き、上品な見た目に。

あっさり □□■□□ こってり

ほうれん草ののり巻き

材料（2人分）
ほうれん草…1わ（約300g）
焼きのり（全形）………1枚
ナムルだれ
┌ にんにくのすりおろし
　…………小1かけ分
　ごま油…………小さじ1
　塩…………小さじ1/2
└ こしょう…………少々
白いりごま………大さじ1

| 1人分82kcal | 塩分1.5g |

作り方
1 ほうれん草は水で洗い、かるく水けをきる。ふんわりとラップで包み、電子レンジで2分ほど加熱する。粗熱を取って水けを絞り、根元を切る。ボールにナムルだれの材料を混ぜ、ほうれん草を加えてあえる。
2 のりをまな板に置き、手前にほうれん草を横長にのせる。手前から巻き、巻き終わりを下にして2分ほどおく。長さを3等分に切り、それぞれさらに斜め半分に切って、1/2量の切り口に白いりごまをまぶす。

香り高いごま油を合わせ、
ほどよいこくをプラスします。

あっさり □□■□□ こってり 🎁

ほうれん草のしらすあえ

材料（2人分）

ほうれん草
　………… 小1わ（約200g）
しらす干し ………… 20g
塩 ………………… 少々
しょうゆ ………… 小さじ1
ごま油 ………… 小さじ½

| 1人分42kcal | 塩分1.0g |

作り方

1 ほうれん草は塩を加えた熱湯で2分ほどゆで、水にさらす。水けを絞り、根元を切って長さ4cmに切る。

2 ボールにしょうゆ、ごま油を入れて混ぜ、ほうれん草を加えてよく混ぜる。しらすを加えてさっと混ぜ合わせる。

あっさり □□□■□ こってり

ほうれん草のチーズソテー

材料（2人分）

ほうれん草
　………… 小1わ（約200g）
プロセスチーズ ………… 50g
ホールコーン（冷凍）… 40g
塩 ………………… 小さじ¼
こしょう ………………… 少々
オリーブオイル …… 大さじ½

| 1人分148kcal | 塩分1.5g |

作り方

1 ほうれん草は根元を少し切り、長さ4〜5cmに切る。茎の太い部分は縦半分に切る。プロセスチーズは1cm角に切る。

2 フライパンに高さ1cmくらいまで湯を沸かす。ほうれん草と、コーンを凍ったまま入れ、30秒〜1分ゆでて、しっかりと湯をきる。

3 フライパンの水けをさっと拭き、オリーブオイルを中火で熱する。ほうれん草、コーンを入れて1分ほど炒め、塩、こしょうをふって混ぜる。チーズを加え、チーズが少し溶けるまでさっと炒め合わせる。

チーズのこくが、ほうれん草の
独特のくせを包み込みます。

ほうれん草

食感のよいくるみが、いい存在感！
にんじんを加えて彩りよく。

あっさり □□■□□ こってり 🎁

ほうれん草とにんじんのくるみあえ

材料（2人分）

ほうれん草 … 1わ（約300g）
にんじん …… 3cm（約30g）
くるみ（ロースト・食塩不使用）
　………………………… 8g
しょうゆ ………… 大さじ½
砂糖 ………………… 小さじ1

| 1人分71kcal | 塩分0.7g |

作り方

1 にんじんは皮をむき、縦にせん切りにする。くるみは粗く刻み、全体を包丁の腹でかるくつぶしてからボールに入れる。ほうれん草は根元をよく洗い、熱湯で1分ほどゆでて取り出し、水にさらす。続けてにんじんを1分ほどゆでて水けをきる。ほうれん草は水けを絞り、根元を切って長さ4cmに切る。

2 1のボールにしょうゆ、砂糖を加えて混ぜ、ほうれん草、にんじんを加えてあえる。

水菜 【Mizuna】

葉先がピンとしていてみずみずしく、葉の緑と茎の白さのコントラストがはっきりしているもの、茎につやがあり、まっすぐのびているものが良品。

栄養

みずみずしく、生で食べやすい水菜は、ビタミンCを効果的にとるのにうってつけ。β-カロテン、カルシウム、鉄分などがバランスよく含まれ、緑黄色野菜ならではの高い栄養価があるのもポイント。

焦がしじょうゆをさっとからめ、風味よく仕上げます。

あっさり ☐☐■☐☐ こってり

水菜のたらこバター炒め

材料（2人分）
水菜………… 1わ（約200g）
たらこ…… ½はら（約40g）
バター …………… 大さじ1
しょうゆ ………… 大さじ1

作り方
1 水菜は長さを3等分に切る。たらこは縦に1本切り目を入れて開き、スプーンなどで身をこそげる。

2 フライパンにバターを中火で溶かし、水菜を入れて1分ほど炒める。しんなりとしたらたらこを加え、全体がなじむまで炒め合わせる。水菜をフライパンの端に寄せ、あいているところにしょうゆを加える。香りが立ったら水菜にさっとからめ、火を止める。

| 1人分99kcal | 塩分2.4g |

濃厚なマヨネーズに豆板醤の辛みをプラスし、メリハリをつけて。

あっさり ☐☐■☐ こってり

水菜とかにかまの豆板醤マヨあえ

材料（2人分）
水菜………… ⅓わ（約80g）
かに風味かまぼこ……… 3本
マヨネーズ ……… 大さじ1
豆板醤（トウバンジャン）………… 小さじ½

作り方
水菜は長さ4〜5cmに切る。かにかまは食べやすくほぐす。ボールにマヨネーズ、豆板醤を混ぜ、水菜、かにかまを加えてあえる。

| 1人分71kcal | 塩分0.9g |

フレッシュなサラダに、あつあつの油をジュッと回しかけて。

あっさり ▢▢■▢▢ こってり

水菜とハムのガーリックオイルサラダ

材料（2人分）
水菜……… ½わ（約100g）
ハム…… 3～4枚（約60g）
ガーリックオイル
┌ にんにくの薄切り
│ ………………… 2かけ分
│ オリーブオイル … 大さじ3
│ 塩 ………………… 小さじ¼
└ こしょう ………… 少々

| 1人分249kcal | 塩分1.5g |

作り方
1 水菜は長さ3～4cmに切る。ハムは半分に切り、横に細切りにする。水菜、ハムを混ぜ合わせ、耐熱のボールに入れる。
2 小さめのフライパンにガーリックオイルの材料を入れ、弱火で5分ほど熱する。強めの中火にし、にんにくが色づいたら、すぐに**1**のボールに回しかけ、さっと混ぜる。

レモン汁とごま油の組み合わせでアジアンテイストに。

あっさり ▢■▢▢▢ こってり

水菜と玉ねぎのエスニックサラダ

材料（2人分）
水菜……… ½わ（約100g）
玉ねぎ …… ½個（約100g）
ドレッシング
┌ にんにくのすりおろし
│ ………………… ½かけ分
│ 赤唐辛子の小口切り
│ ………………… 1本分
│ レモン汁、水… 各大さじ2
│ ごま油………… 大さじ1
└ 塩 ……………… 小さじ⅓

作り方
1 水菜は長さ3cmに切る。玉ねぎは縦に薄切りにする。ともに冷水にさらしてパリッとさせ、しっかりと水けをきる。
2 ボールにドレッシングの材料を混ぜ、水菜、玉ねぎを加えてあえる。すぐに食べてもいいが、5～10分おくと、より味がなじんでおいしい。

| 1人分91kcal | 塩分1.0g |

あっさり ■▢▢▢▢ こってり

水菜のゆかりおろしあえ

材料（2人分）
水菜………… ⅓わ（約70g）
大根………… 3cm（約100g）
ちりめんじゃこ
………… 大さじ1（約5g）
ゆかり…………… 小さじ½

| 1人分22kcal | 塩分0.4g |

作り方
1 ちりめんじゃこは小さめのフライパンに入れて中火にかけ、1～2分いって取り出し、粗熱を取る。水菜は熱湯でさっとゆで、水けをきって粗熱を取り、水けをよく絞って長さ4cmに切る。
2 大根は皮をむいてすりおろし、汁けをかるくきってボールに入れる。水菜、ちりめんじゃこ、ゆかりを加えてさっとあえる。

大根おろしにゆかりを混ぜ、さっぱりといただきます。

もやし 【Bean sprouts】

選び方

茎が太くしっかりしたもの、白くつやがあり、ひげ根付近に透明感があるものが新鮮。

栄養

主な栄養素はビタミンB₁・B₂、カリウムと、不溶性食物繊維。ビタミンB₁・B₂は代謝を助け、疲れを取る作用がある。また、食物繊維には整腸作用が、カリウムには高血圧を予防する効果がある。

あっさり ☐☐☐☐☐ こってり

もやしと焼き豚のナムル

材料（2人分）
もやし………1袋（約200g）
焼き豚………3枚（約40g）
塩………………小さじ¼
ごま油…………大さじ½

| 1人分76kcal | 塩分1.2g |

作り方
焼き豚は細切りにする。もやしは熱湯で1分ほどゆで、水けをしっかりきる。ボールに塩とごま油を混ぜ、もやしと焼き豚を加えてあえる。

ゆでたもやしと焼き豚をあえるだけ！
やみつきになる味わいです。

オイスターソースとバターで
炒め、味に深みを出します。

あっさり ☐☐☐☐☐ こってり

もやしとにらのガーリックバター炒め

材料（2人分）
もやし………1袋（約200g）
にら…………¼束（約25g）
にんにくのみじん切り
………………1かけ分
オイスターソース…小さじ2
バター……………小さじ1

| 1人分45kcal | 塩分0.7g |

作り方
にらは長さ4cmに切る。フライパンにバターとにんにくを中火で熱する。バターが溶けてきたら、もやしとにらを加えて1分ほど炒め、オイスターソースを加えて混ぜる。

あっさり □□□■□ こってり

もやしと油揚げのキムチ煮

材料（2人分）
もやし………1袋（約200g）
油揚げ………………………1枚
白菜キムチ……………80g
煮汁
┌ だし汁…………1カップ
│ しょうゆ、みりん
└ ………………各大さじ1

作り方
1 油揚げはざるにのせて熱湯を回しかける。粗熱を取って水けを絞り、横に幅1cmに切る。
2 鍋に煮汁の材料を入れ、強火にかける。煮立ったら、もやし、油揚げ、キムチを加えてさっと混ぜる。再び煮立ったら中火にし、2〜3分煮る。

| 1人分120kcal | 塩分2.3g |

甘辛しょうゆ味の煮汁にキムチを加えれば、さらにご飯がすすむ！

あっさり □□■□ こってり

もやしと万能ねぎのお好み焼き

材料（2人分）
もやし………½袋（約100g）
万能ねぎ………………3本
桜えび……大さじ2（約5g）
卵………………………1個
小麦粉……………大さじ4
塩…………………小さじ½
中濃ソース…………適宜
サラダ油…………大さじ1

作り方
1 もやし、万能ねぎはともに粗みじんに刻む。ボールに卵を割りほぐし、小麦粉、塩を加えて混ぜる。粉っぽさがなくなったら、もやし、万能ねぎ、桜えびを加えてさっくりと混ぜる。
2 直径20cmのフライパンにサラダ油を中火で熱し、1を流し入れて広げる。薄く焼き色がつくまで3分ほど焼き、裏返してさらに2分ほど焼く。取り出して食べやすく切り、器に盛って中濃ソースを添える。

| 1人分179kcal | 塩分1.8g |

粉が少なめの、クリスピーなお好み焼き。桜えびがいい味出しに。

もやし

マヨネーズにゆずこしょうと酢を混ぜ、すっきりとした後味に。

あっさり □■□□ こってり

もやしのゆずこしょうマヨあえ

材料（2人分）
もやし………1袋（約200g）
ゆずこしょうマヨ
┌ マヨネーズ……大さじ½
│ 酢………………小さじ1
│ ゆずこしょう……小さじ½
└ 塩…………………少々
万能ねぎの小口切り…1本分

作り方
1 ボールにゆずこしょうマヨの材料を混ぜる。もやしは熱湯で1分ほどゆで、水けをよくきる。
2 もやしが熱いうちにゆずこしょうマヨのボールに加え、さっとあえる。器に盛り、万能ねぎを散らす。

| 1人分36kcal | 塩分0.8g |

あっさり ☐☐☐▨☐ こってり

もやしとソーセージのケチャップ炒め

材料（2人分）
もやし……… 1袋（約200g）
ウインナソーセージ
　……………3本（約40g）
合わせ調味料
「トマトケチャップ
　…………… 大さじ1½
└塩、こしょう ……… 各少々
オリーブオイル…… 大さじ½

作り方
1 ソーセージは縦半分に切り、斜めに幅5mmに切る。合わせ調味料の材料を混ぜる。
2 フライパンにオリーブオイルを中火で熱し、ソーセージ、もやしを順に入れて炒める。もやしがしんなりとしたら、合わせ調味料を加えて混ぜる。

| 1人分 **151**kcal | 塩分 **1.4**g

ケチャップ&ソーセージと炒めて、子どもも喜ぶ一品に。

くぼみに卵を割り入れ、卵とチーズをからめてめしあがれ！

あっさり ☐☐☐▨☐ こってり

もやしの巣ごもり卵　チーズのせ

材料（2人分）
もやし……… ½袋（約100g）
卵…………………………2個
スライスチーズ…………2枚
小麦粉……………… 小さじ⅓
塩……………………… 適宜
こしょう……………… 少々
粗びき黒こしょう …… 適宜
サラダ油………… 小さじ2

作り方
1 もやしはできればひげ根を取り、小麦粉をまぶす。フライパンにサラダ油を弱火で熱し、もやしを½量ずつひとかたまりにして入れ、それぞれ中央をくぼませて塩少々をふる。くぼみに卵を1個ずつそっと割り入れ、塩少々、こしょうをふる。
2 ふたをして2分ほど蒸し焼きにし、卵が半熟程度になったらチーズを1枚ずつのせる。再びふたをして2分ほど蒸し焼きにし、チーズが溶けたら器に盛って、粗びき黒こしょうをふる。

| 1人分 **182**kcal | 塩分 **1.0**g

ソースとカレーのコンビで、ひと味違うスパイシーな炒めものに。

あっさり ☐☐☐▨☐ こってり

もやしとベーコンのカレーソース炒め

材料（2人分）
もやし……… ½袋（約100g）
ベーコン…………………2枚
カレーソースだれ
「中濃ソース …… 大さじ2
└カレー粉………… 小さじ1
サラダ油………… 大さじ1

作り方
1 もやしはできればひげ根を取る。ベーコンは幅2cmに切る。カレーソースだれの材料を混ぜる。
2 フライパンにサラダ油を中火で熱し、ベーコンをさっと炒める。もやしを加え、2分ほど炒めてカレーソースだれを回し入れ、全体をざっと混ぜ合わせて火を止める。

| 1人分 **171**kcal | 塩分 **1.4**g

あっさり ▢▢▢▨▢ こってり

ゆでもやしと豆苗のはちみつみそがけ

材料（2人分）
もやし…… 大1袋（約250g）
豆苗… ½パック（正味50g）
はちみつみそだれ
┌ はちみつ………大さじ2
│ みそ …………… 大さじ1
│ 酒 …………… 大さじ½
└ ごま油…………… 少々

| 1人分113kcal | 塩分1.1g |

作り方
もやし、豆苗はともに熱湯で1分ほどゆで、水けをしっかりときって器に盛る。はちみつみそだれの材料を混ぜてかける。

シャキシャキのもやしと豆苗に、はちみつみそがよく合います。

ナンプラー、香菜、レモン汁の組み合わせで、エスニックの香り満載！

あっさり ▢▨▢▢▢ こってり

もやしと桜えびのタイ風サラダ

材料（2人分）
もやし………1袋（約200g）
桜えび…… 大さじ2（約5g）
エスニックだれ
┌ 香菜のみじん切り、赤唐辛子
│ 　の小口切り………各少々
│ ナンプラー、レモン汁
│ …………… 各大さじ1
│ 砂糖……………小さじ2
└ 塩……………… 少々
ピーナッツ（おつまみ用）
…………… 大さじ1
香菜……………… ½本

作り方
1 たっぷりの熱湯でもやしをゆで、ざるに上げて、粗熱を取る。桜えびはフライパンでからいりする。エスニックだれの材料を混ぜる。ピーナッツは粗く刻む。
2 ボールにもやしと桜えびを入れ、エスニックだれを加えてあえる。器に盛り、ピーナッツを散らして香菜をのせる。

| 1人分69kcal | 塩分2.1g |

もやしを揚げだまとめんつゆであえ、天丼のような味に。

あっさり ▢▢▨▢▢ こってり

もやしのめんつゆあえ

材料（2人分）
もやし…… 大1袋（約250g）
かに風味かまぼこ …… 3本（約40g）
揚げだま………… 大さじ1½
あえごろも
┌ 市販のめんつゆ（3倍希釈）
│ …………… 大さじ1
│ 塩 …………… ふたつまみ
│ 酢 …………… 小さじ½
└ ゆずこしょう … 小さじ⅓

| 1人分94kcal | 塩分2.0g |

作り方
1 ボールにあえごろもの材料を混ぜ合わせる。かにかまは幅1cmに切り、食べやすくほぐす。鍋に湯を沸かし、もやしをさっとゆでてざるに上げ、水けをきる。
2 ペーパータオルでもやしの水けを拭き、**1**のボールに加えて混ぜ合わせる。かにかま、揚げだまを加え、さっと混ぜ合わせる。

れんこん 【Lotus root】

選び方

穴が小さめで、切り口につやがあり、白くみずみずしいもの、青黒いしみが出ていないものがよい。穴の中が黒いものは古いので避けて。丸くて太く、ふっくらと厚みのあるものがベター。

栄養

主な栄養分はでんぷんで、体内でエネルギーとなって体を温める。そのほか、ビタミンC、カリウムや鉄分などのミネラル、食物繊維が豊富。糸を引く正体のムチンは、胃壁を保護し、たんぱく質や脂肪の消化を促進する働きがある。

あっさり □□■□□ こってり

れんこんと春菊のナムル

材料（2人分）
れんこん……¼節（約50g）
春菊………½わ（約100g）
たれ
┌にんにくのすりおろし
│……………小さじ½
│白いりごま………小さじ2
│しょうゆ、ごま油
│…………各小さじ1
└塩………………少々
卵黄………………1個分

作り方
1 れんこんは皮をむき、あればスライサーで薄い輪切りにする。春菊は長さ3～4cmに切る。れんこんを熱湯で1分30秒ほどゆで、春菊を加えてさらに1分30秒ほどゆでる。ともにしっかりと水けをきる。
2 ボールにたれの材料を混ぜる。れんこん、春菊を加え、手でかるくもむようにしてあえる。器に盛り、卵黄をのせる。

| 1人分103kcal | 塩分0.7g |

野菜はさっとゆで、シャキシャキ感を残します。

粒マスタード＆はちみつの甘辛味で、おなじみのきんぴらが新鮮に。

あっさり □□■□□ こってり

れんこんの洋風きんぴら

材料（2人分）
れんこん……1節（約200g）
合わせ調味料
┌粒マスタード……小さじ2
│しょうゆ、はちみつ
└…………各小さじ1
酢………………適宜
オリーブオイル……大さじ1
塩、こしょう………各少々

作り方
1 れんこんは皮をむき、薄い半月切りにする。酢水（水1カップに対して酢小さじ2が目安）に2分ほどさらしてざるに上げ、ペーパータオルで水けを拭く。合わせ調味料の材料を混ぜ合わせる。
2 フライパンにオリーブオイルを中火で熱し、れんこんを炒める。全体に油が回ったら**1**の合わせ調味料を加えて炒め合わせる。全体がなじんだら、塩、こしょうで調味し、火を止める。

| 1人分138kcal | 塩分1.1g |

ふわっと漂うバターしょうゆの
香りが、食欲をそそります。

あっさり ▢▢▢▨▢ こってり 🎁

れんこんとベーコンのバター炒め

材料（2人分）
れんこん（小・直径4〜5cm
　のもの）‥‥ 1節（約150g）
ベーコン‥‥‥‥ 1枚（約15g）
バター ‥‥‥‥‥‥ 大さじ1
酒‥‥‥‥‥‥‥‥‥ 大さじ1
しょうゆ ‥‥‥‥‥ 小さじ1
塩、粗びき黒こしょう‥ 各少々

| 1人分97kcal | 塩分0.9g |

作り方
1 れんこんは皮をむき、薄い輪切りにする。水に2分ほどさらし、ざるに上げて水けをきる。ベーコンは幅5mmに切る。
2 フライパンにバターを弱火で溶かし、ベーコンを入れて炒める。カリッとしたられんこんを加え、さっと炒め合わせる。酒をふってふたをし、1分ほど蒸し煮にする。しょうゆを回しかけて混ぜ、塩で味をととのえる。器に盛り、粗びき黒こしょうをふる。

あっさり ▢▢▢▨▢ こってり 📺

れんこんとこんにゃくの中華風きんぴら

材料（2人分）
れんこん（大）‥ ½節（約120g）
細切りこんにゃく ‥‥‥ 150g
合わせ調味料
┌ しょうゆ、みりん
│　‥‥‥‥‥ 各大さじ1
└ 豆板醤 ‥‥‥‥‥ 小さじ½
塩‥‥‥‥‥‥‥‥‥ 小さじ1
酒‥‥‥‥‥‥‥‥‥ 大さじ1
サラダ油‥‥‥‥‥ 大さじ½

| 1人分104kcal | 塩分1.6g |

作り方
1 こんにゃくは塩をもみ込み、さっと洗って水けをきる。熱湯で3分ほどゆでて水けをきり、食べやすく切る。れんこんは皮をむいて縦4等分に切り、横に幅5mmに切る。さっと水にさらし、水けをきる。合わせ調味料の材料を混ぜる。
2 フライパンにサラダ油を中火で熱し、れんこん、こんにゃくを入れて2分ほど炒める。酒をふって合わせ調味料を加え、全体にからめながら汁けがほとんどなくなるまで炒める。

おなじみの甘辛味を、豆板醤の
キリッとした辛みで引き締めます。

れんこん

シャキッとしたれんこんの間には、
ピザ用チーズがたっぷり！

あっさり ▢▢▨▢▢ こってり 🎁

れんこんのチーズガレット風

材料（2人分）
れんこん（小）‥ 1節（約150g）
ピザ用チーズ‥‥‥‥‥ 50g
塩、粗びき黒こしょう
　‥‥‥‥‥‥‥‥‥ 各少々
オリーブオイル‥‥‥ 小さじ1

| 1人分156kcal | 塩分0.7g |

作り方
1 れんこんは皮をむき、薄い輪切りにする。直径20cmのフライパンにオリーブオイルを中火で熱し、れんこんの½量を敷きつめる。塩、粗びき黒こしょうをふってピザ用チーズを散らし、残りのれんこんを広げる。
2 ふたをし、3〜4分焼いて裏返し、再びふたをして2〜3分焼く。食べやすく切って器に盛る。

くず野菜をフル活用！
野菜だし

玉ねぎの根元やにんじんの皮、ブロッコリーの茎の堅い部分など、毎日の料理で出るくず野菜を使って、おいしいだしをとってみませんか。野菜の自然なうまみを生かしただしは、味わい豊か。みそ汁をはじめ、ポトフーや中華風の煮ものなど、和洋中、さまざまなメニューに活用できます。

材料はこれだけ！

でき上がり：約4カップ分

くず野菜 150g

玉ねぎの根元、にんじんの皮、ブロッコリーの茎、しいたけの軸、ねぎの青い部分など、ふだんは捨ててしまう部分※

水5カップ ＋ 酒大さじ1

※しょうがの皮、にんにくの皮、セロリの筋など、香味野菜を使うと、味が強く、個性的なスープになります。

1

2

作り方

1

鍋に水、酒、くず野菜を入れ、中火にかける。

2

煮立ったら弱火にし、常にふつふつしている状態をキープしながら30分ほど煮る。

3

ざるを重ねたボールにこし入れる。野菜は処分してOK。

4

でき上がり！

粗熱を取って保存容器に入れ、冷蔵庫で3〜4日保存できる。

{ 野菜だしのおいしさを味わう }
シンプルスープ

仕上げの三つ葉で
さらに香り高く。
卵とじスープ

材料（2人分）と作り方
三つ葉2本は長さ2cmに切る。鍋に「野菜だし」（左記参照）2カップを入れて中火にかける。煮立ったら塩、こしょう各適宜で味をととのえ、溶き卵1個分を回し入れる。卵が固まったら器に注ぎ、三つ葉を散らす。

| 1人分56kcal | 塩分1.3g |

粉チーズで
こくをプラスして。
トマトのガーリックスープ

材料（2人分）と作り方
トマト1個はへたを取り、2cm角に切る。鍋にオリーブオイル小さじ1、にんにくのみじん切り小さじ½を入れ、中火にかける。香りが立ったらトマトを加え、さっと炒める。「野菜だし」（左記参照）2カップを加え、煮立ったら塩、こしょう各適宜で味をととのえる。器に注ぎ、粉チーズ小さじ1、パセリのみじん切り適宜をふる。

| 1人分60kcal | 塩分1.6g |

第 2 章

豆腐、豆腐製品で 10分副菜

大豆が原料の豆腐や厚揚げ、油揚げは、植物性のたんぱく質が豊富で低カロリー！ 淡泊な味わいなので、組み合わせる素材や味つけを選ばないのも魅力です。下ごしらえが簡単なので、スピーディに作りたい副菜には、まさに最適の素材。優秀食材ここにあり！ です。

冷ややっこ

スピーディにできる副菜の代表的なメニューが、冷ややっこ。のせる具材を替えるだけでさまざまな味のバリエーションが楽しめます。冷ややっこはパックから出した豆腐をそのまま器に盛るため、気になるようなら、さっとすすぎましょう。ボールにたっぷりと新しい水をはり、豆腐を手にのせてそっとくぐらせればＯＫです。

和 風

ごま油で炒めたこくのあるねぎをのせれば、おつまみにもぴったり。

あっさり ☐☐▦☐☐ こってり

ピリ辛ねぎのせ冷ややっこ

材料（2人分）
絹ごし豆腐…½丁（約150g）
ねぎ………………………½本
しょうがのみじん切り
……………………1かけ分
赤唐辛子の小口切り…1本分
酢……………………大さじ1
塩……………………小さじ¼〜⅓
ごま油…………………小さじ1
好みでラー油………適宜

| 1人分75kcal | 塩分0.7g |

作り方
1 豆腐はペーパータオル2枚で包み、皿などをのせて重しをし、5分ほどおいて水きりする。ねぎは斜め薄切りにする。
2 フライパンにごま油、しょうが、赤唐辛子を入れて、弱火にかける。香りが立ったら中火にし、ねぎを加えてしんなりするまで1分ほど炒め、酢、塩を加えて混ぜる。豆腐を横半分に切って器に盛り、炒めたねぎをのせる。好みでラー油をかける。

あっさり ☐▦☐☐☐ こってり

納豆のゆずこしょうやっこ

材料（2人分）
絹ごし豆腐…1丁（約300g）
ひき割り納豆
………1パック（約30g）
万能ねぎの小口切り…2本分
ゆずこしょう…………適宜
しょうゆ………小さじ1〜2

| 1人分117kcal | 塩分1.1g |

作り方
1 豆腐はペーパータオルに包んで水けを拭く。横半分に切ってから横に3等分に切り、器に盛る。
2 小さめのボールに納豆と、ゆずこしょう小さじ½〜1、しょうゆを入れ、よく混ぜる。1の豆腐にかけて万能ねぎを散らし、ゆずこしょう少々をのせる。

ゆずこしょうでさわやかな辛みをきかせ、豊かな味わいに。

あっさり　□■■□□ こってり

ちくわ入りくずしやっこ

材料（2人分）
絹ごし豆腐…1丁（約300g）
ちくわ………… 2本（約70g）
きゅうり…… 1本（約100g）
削り節 ……………………… 少々
塩 ……………………………… 少々
ごま油、しょうゆ…各大さじ1

| 1人分191kcal | 塩分2.2g |

作り方
1 きゅうりは両端を切り、薄い輪切りにして塩をふり、5分ほどおく。しんなりしたらさっと水で洗い、水けを堅く絞る。豆腐はペーパータオルなどで包み、ぎゅっと握って水けを絞る。ちくわは薄い輪切りにする。
2 ボールに豆腐を入れてざっとくずし、ちくわ、きゅうり、ごま油、しょうゆを加えて混ぜ合わせる。器に盛り、削り節を散らす。

ほろっと柔らかい豆腐にちくわや
きゅうりを加え、食感に変化をつけて。

カリッと炒めたじゃこといんげんで
香ばしさ満点！

あっさり　□□■■□ こってり

冷ややっこのカリカリじゃこのせ

材料（2人分）
絹ごし豆腐…1丁（約300g）
さやいんげん …………3本
ちりめんじゃこ ………… 8g
赤唐辛子の小口切り‥½本分
サラダ油………… 大さじ½
しょうゆ、みりん‥各大さじ½

| 1人分137kcal | 塩分0.9g |

作り方
1 いんげんはへたを切り、小口切りにする。直径20cmのフライパンにサラダ油を中火で熱し、いんげんを入れて炒める。全体に油が回ったら、ちりめんじゃこ、赤唐辛子を加え、じゃこがカリッとするまで炒め合わせる。しょうゆ、みりんを加えてさっと混ぜ、ひと煮立ちしたら火を止める。
2 豆腐はペーパータオルで包み、水けを拭き取る。横半分に切って器に盛り、**1**をかける。

冷ややっこ

ごま油で、梅の酸味と
玉ねぎの辛みがやわらぎます。

あっさり　■□□□□ こってり

梅とスライス玉ねぎの冷ややっこ

材料（2人分）
木綿豆腐……1丁（約300g）
梅干し …………………… 1個
玉ねぎ …… ¼個（約50g）
削り節 …小1パック（約3g）
ごま油 ………… 大さじ½

| 1人分155kcal | 塩分0.6g |

作り方
1 玉ねぎは縦に薄切りにし、水に5分ほどさらして水けをしっかりときる。豆腐はペーパータオルに包んで水けを拭き、横半分に切って器に盛る。梅干しは種を取り除き、包丁で粗くたたく。
2 ボールに玉ねぎ、梅干し、削り節、ごま油を入れて混ぜ、豆腐にのせる。

すっきりとした大根おろしに、
マヨネーズでマイルドなこくをプラス！

あっさり □□■□□ こってり

おろしマヨのポン酢やっこ

材料（2人分）
木綿豆腐……1丁（約300g）
大根おろし…………200g
貝割れ菜……………適宜
マヨネーズ………大さじ2
市販のポン酢しょうゆ
……………大さじ1〜2
一味唐辛子…………少々

| 1人分214kcal | 塩分1.0g |

作り方
1 大根おろしはざるに上げ、かるく汁けを
きる。小さめのボールに入れ、マヨネーズを
加えて混ぜる。貝割れ菜は長さ2〜3cmに
切る。
2 豆腐はペーパータオルに包んで水けを
拭き、横4等分に切って、器に盛る。1の大
根おろしと、貝割れ菜を順にのせてポン酢
をかけ、一味唐辛子をふる。

あっさり □□■□□ こってり

長いもの温たまやっこ

材料（2人分）
木綿豆腐……1丁（約300g）
長いも………………100g
青じその葉……………2枚
市販の温泉卵…………2個
市販のポン酢しょうゆ
……………大さじ2
練りわさび……………少々

| 1人分230kcal | 塩分1.7g |

作り方
1 豆腐はペーパータオルに包んで水けを
拭き、横半分に切って、器に盛る。長いもは
皮をむき、薄い輪切りにしてから、粗いみじ
ん切りにする。青じそは軸を切る。
2 豆腐に長いもをのせ、青じそを小さくち
ぎって散らす。温泉卵を割り入れ、ポン酢
をかけて、練りわさびをのせる。

長いものシャキシャキした
食感がやみつきに！

高菜と相性のいいごま油で、
こくを出します。

あっさり □□■□□ こってり

高菜とみょうがのせ冷ややっこ

材料（2人分）
絹ごし豆腐…1丁（約300g）
高菜漬け………………20g
みょうが（大）…………1個
青じその葉……………4枚
ごま油………………小さじ2
削り節………………適宜

| 1人分126kcal | 塩分0.6g |

作り方
1 高菜はかるく汁けをきり、みじん切りに
する。青じそは軸を切り、みょうがとともに
みじん切りにする。高菜、みょうが、青じそ
をボールに入れ、ごま油を加えて混ぜる。
2 豆腐は4等分に切る。ペーパータオルで
表面の水けをしっかりと拭き、器に盛る。1
の高菜、削り節をのせる。

あっさり □□■□□ こってり

明太ねぎやっこ

材料（2人分）
絹ごし豆腐… 1丁（約300g）
明太ねぎ
┌ 辛子明太子
│ ……… 1はら（約40g）
│ ねぎ …………… 5cm
│ ごま油 …………… 小さじ2
└ しょうゆ………… 少々
刻みのり…………… 適宜

| 1人分149kcal | 塩分1.2g |

作り方
1 豆腐はペーパータオルで包んで表面の水けを取り、厚みを半分に切る。ねぎは粗みじんに刻む。明太子は薄皮を取り除く。明太ねぎの材料を混ぜる。
2 器に豆腐を盛り、明太ねぎをのせて、刻みのりを散らす。

明太子とねぎのダブルの辛みが絶妙にマッチして、おつまみにもぴったり。

あっさり □□□■□ こってり

くずし豆腐と蒸しなすのピリ辛だれ

材料（2人分）
木綿豆腐………………70g
なす……… 1個（約80g）
ねぎのみじん切り… 大さじ1
ピリ辛だれ
┌ 市販のポン酢しょうゆ
│ ………… 大さじ1
│ ごま油………… 小さじ¼
└ 豆板醤………… 小さじ⅓
　トウバンジアン

| 1人分45kcal | 塩分0.9g |

作り方
1 なすはへたを切り、ラップでふんわりと包んで、電子レンジで1分ほど加熱する。ラップのまま水にとって粗熱を取り、水けを絞って長さを半分に切り、縦に6等分に裂く。豆腐はペーパータオルで包んで水けを押さえ、ボールに入れてフォークで粗くくずす。ピリ辛だれの材料を混ぜる。
2 なすの水けをきって器に盛り、豆腐をのせる。ピリ辛だれをかけ、ねぎをのせる。

ポン酢しょうゆに豆板醤の辛みを加え、味を引き締めます。

冷ややっこ

ごまだれにしょうがを少し加え、味と香りのアクセントに。

あっさり □□□■□ こってり

ごまだれ冷ややっこ

材料（2人分）
絹ごし豆腐… 1丁（約300g）
オクラ………………… 3本
ごまだれ
┌ しょうがのすりおろし
│ ………… 小さじ½
│ 白すりごま…… 大さじ1
└ しょうゆ… 大さじ1〜1½

| 1人分121kcal | 塩分1.6g |

作り方
1 オクラはがくをぐるりとむく。熱湯でさっとゆでて水けをきり、小口切りにする。ごまだれの材料を混ぜる。
2 器に豆腐をすくいながら盛り、オクラ、ごまだれをのせる。

洋風

あっさり ▢▢▢▢ こってり

生ハムやっこ

材料（2人分）
絹ごし豆腐… 1丁（約300g）
生ハム（小）………… 4枚
ベビーリーフ………… 適宜
オリーブオイル、しょうゆ
……………… 各小さじ2

作り方
豆腐は4等分に切る。ペーパータオルで表面の水けをしっかりと拭き、器に盛る。生ハム、ベビーリーフをのせ、オリーブオイル、しょうゆをかける。

| 1人分154kcal | 塩分1.1g |

生ハム＆オリーブオイルで、ワインにも合う、おしゃれなひと皿！

まったりとしたアボカドと、カレー粉のスパイシーな風味が相性抜群！

あっさり ▢▢▢▢ こってり

アボカドのカレードレッシングやっこ

材料（2人分）
木綿豆腐…… 1丁（約300g）
アボカド……………… ½個
カレードレッシング
┌ カレー粉……… 小さじ½
│ 酢、サラダ油… 各大さじ2
│ 塩……………… 小さじ¼
└ こしょう………… 少々

作り方
1 ボールにカレードレッシングの材料を入れ、よく混ぜる。アボカドは包丁の刃元を刺して種を取り、皮をむいて1cm角に切る。ドレッシングのボールに加え、混ぜる。
2 豆腐はペーパータオルに包んで水けを拭き、スプーンで一口大にすくいながら器に盛る。**1**のアボカドをのせ、ボールに残ったドレッシングをかける。

| 1人分204kcal | 塩分0.7g |

あっさり ▢▢▢▢ こってり

豆腐のカプレーゼ レモン風味

材料（2人分）
絹ごし豆腐… ½丁（約150g）
トマト（小）… 2個（約200g）
レモンソース
┌ レモン汁……… 小さじ1弱
│ オリーブオイル… 小さじ2強
└ 塩、こしょう…… 各少々
レモン（国産）の皮の
せん切り………… 適宜

作り方
1 豆腐はペーパータオルに包んで水けを拭き、縦半分に切ってから、横に幅7〜8mmに切る。トマトはへたを取り、横に幅7〜8mmに切る。レモンソースの材料を混ぜる。
2 器に豆腐、トマトを交互に重ねて並べる。レモンソースをかけ、レモンの皮のせん切りを散らす。

| 1人分103kcal | 塩分0.5g |

モッツァレラチーズの代わりに豆腐を使い、ヘルシーに。

冷ややっこ

エスニック風

あっさり □□■□ こってり

鮭と韓国のりの冷ややっこ

材料（2人分）
絹ごし豆腐…1丁（約300g）
市販の鮭フレーク
　　　……5g（約小さじ2）
韓国のり（8つ切り）……2枚
白いりごま……適宜
ごま油……適宜

作り方
韓国のりは小さくちぎる。豆腐はペーパータオルで包んで水けを拭き、横半分に切って器に盛る。鮭フレーク、韓国のりを混ぜてのせ、白ごまを散らして、ごま油をふる。

| 1人分108kcal | 塩分0.2g |

ごま油&白いりごまのダブル使いで、ぐっと韓国風になります。

黒酢とごま油を合わせた味わい深いたれが、おいしさの決め手。

あっさり □■□□ こってり

うずら卵と榨菜の黒酢だれやっこ

材料（2人分）
木綿豆腐……1丁（約300g）
うずらの卵の水煮……4個
榨菜（びん詰）……30g
ねぎのみじん切り……¼本分
黒酢だれ
　黒酢……小さじ2
　ごま油……大さじ1
　塩……小さじ¼
　砂糖……ひとつまみ

作り方
1 豆腐はペーパータオルに包み、水けを拭く。縦半分に切ってから、横に幅1.5cmに切って、器に並べる。うずらの卵は横に幅5mmに切る。榨菜はみじん切りにする。

2 黒酢だれの材料を混ぜる。1の豆腐にねぎ、うずらの卵、榨菜を順に散らし、黒酢だれをかける。

| 1人分215kcal | 塩分1.8g |

あっさり □■□□ こってり

キムチやっこのあつあつねぎ油がけ

材料（2人分）
絹ごし豆腐…1丁（約300g）
白菜キムチ……60g
ねぎ……⅓本（約40g）
ごま油……大さじ2

作り方
1 豆腐はペーパータオルで包んで水けを拭き、横半分に切って器に盛る。ねぎは斜め薄切りにする。キムチは粗く刻み、豆腐にのせる。

2 小さめのフライパンにごま油、ねぎを入れ、中火にかける。ねぎがこんがりと色づくまで2分ほど炒め、等分にキムチの上にかける。

| 1人分214kcal | 塩分0.7g |

ねぎを多めのごま油で炒め、あつあつを豆腐にジュワッとかけます。

豆腐あえ

形が変幻自在なのも、豆腐の大きなメリット！　くずして使えば、あえごろもとして大活躍します。マヨネーズやカレー粉、みそなど、加える調味料しだいで味のバリエーションがどんどん広がり、野菜とともに食べられるのもgood！　豆腐の白と野菜のコントラストがきれいな小鉢は、食卓を明るくしてくれますよ。

あっさり □□□■□ こってり

にんじんのマヨ白あえ

材料（2人分）
あえごろも
┌ 絹ごし豆腐
　　……… ½丁（約150g）
│ マヨネーズ……… 大さじ2
│ 白すりごま……… 大さじ½
│ 砂糖………… 小さじ½
└ 塩………… 小さじ⅓
にんじん…… 1本（約150g）
ごま油………… 大さじ½

| 1人分194kcal | 塩分1.3g |

作り方
1 にんじんは皮をむいて長さ5cmに切り、縦に細切りにする。フライパンにごま油を中火で熱し、にんじんを1分30秒ほど炒める。豆腐はペーパータオルに包んで水けを拭く。
2 あえごろもの材料をボールに入れ、泡立て器でくずしながら混ぜる。1のにんじんを加えてあえる。

にんじんの甘みが、まろやかな豆腐とよく合います。

カラフルな色合いで食欲アップ！削り節を全体になじませて。

あっさり □■□□ こってり

コーンといんげんのおかか白あえ

材料（2人分）
あえごろも
┌ 木綿豆腐…… ½丁（約150g）
│ 砂糖………… 小さじ2
│ 塩………… 小さじ⅔
└ しょうゆ………… 少々
ホールコーン（缶詰）…… 大さじ4
さやいんげん………… 8本
削り節… 小1パック（約3g）

| 1人分95kcal | 塩分2.2g |

作り方
1 豆腐はペーパータオルで包み、3分ほどおいて水きりする。いんげんはへたを切り、斜めに3〜4等分に切って耐熱皿にのせる。ふんわりとラップをかけ、電子レンジで30秒ほど加熱する。コーンは缶汁をきる。
2 ボールに豆腐を入れ、フォークで粗くつぶす。残りのあえごろもの材料を加え、よく混ぜる。いんげん、コーン、削り節を加えてあえる。

ほっとする、やさしい甘みそ風味。
きぬさやの食感を楽しんで。

きぬさやの白あえ

材料（2人分）
絹ごし豆腐…………… 80g
きぬさや……………… 60g
みそ ………………… 小さじ1
砂糖………………… 小さじ½
塩……………………… 少々

| 1人分41kcal | 塩分0.6g |

作り方
1 きぬさやはへたと筋を取る。熱湯で30秒ほどゆでて水けをきり、粗熱を取って斜めに細切りにする。

2 豆腐はペーパータオルで包んで水けを押さえ、ボールに入れてフォークで粗くつぶす。みそ、砂糖、塩を加えてよく混ぜ、きぬさやを加えてあえる。

パプリカの洋風白あえ

材料（2人分）
絹ごし豆腐… ½丁（約150g）
赤パプリカ…………… 1個
白すりごま ………… 大さじ2
マヨネーズ ………… 大さじ1
しょうゆ …………… 適宜
塩…………………… 少々

| 1人分156kcal | 塩分1.0g |

作り方
1 パプリカは縦半分に切ってへたと種を取り、さらに縦半分に切ってから、横に幅5〜6mmに切る。耐熱皿に広げてふんわりとラップをかけ、電子レンジで1分30秒〜2分加熱する。熱いうちに水けをきりながらボールに入れ、しょうゆ小さじ½をからめる。

2 豆腐は清潔なふきんか厚めのペーパータオルに包んで水けを絞り、別のボールに入れる。フォークで細かくなるまでつぶし、白すりごま、マヨネーズ、塩と、しょうゆ少々を加えて混ぜる。パプリカを加え、あえる。

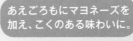

あえごろもにマヨネーズを
加え、こくのある味わいに。

豆腐あえ

カレー粉とみそが意外に合う！
オリーブオイルで、しっとり。

豆腐のカレーみそディップ

材料（2人分）
木綿豆腐… ½丁（約150g）
みそ、オリーブオイル
　………………… 各大さじ1
カレー粉………… 小さじ½
塩……………… 小さじ¼
好みのスティック野菜 ·適宜

| 1人分142kcal | 塩分1.9g |

作り方
1 豆腐はペーパータオル2枚で包んで耐熱皿にのせ、ふんわりとラップをかけて電子レンジで3分ほど加熱し、水きりする。新しいペーパータオル2枚で包みなおし、皿などをのせて重しをし、粗熱を取る。

2 ボールに豆腐を入れ、フォークでなめらかになるまでつぶす。野菜以外の残りの材料を加えて混ぜる。器に盛り、好みのスティック野菜を添える。

あったか豆腐

野菜といっしょにくつくつ煮たり、フライパンでこんがりソテーしたり……、そのまま食べるのとは違う食感や香ばしさが楽しめるあったかメニュー。副菜でボリュームを出したいときにチョイスすれば、食べごたえのある献立になります。水きりをする場合も、ペーパータオルで包んだり、電子レンジで加熱したりと、手間なく簡単に。

淡泊な豆腐とえのきを、
中華風の塩味の煮ものに。

あっさり ▢▢▢▢▢ こってり

豆腐とえのきの中華煮

材料（2人分）
木綿豆腐……1丁（約300g）
えのきだけ…1袋（約100g）
にら…………½束（約50g）
かに風味かまぼこ………2本
煮汁
 ┌ 酒、水…………各大さじ2
 │ 鶏ガラスープの素（顆粒）
 │ ………………………小さじ1
 └ 砂糖、塩…………各少々
ごま油……………大さじ1

| 1人分213kcal | 塩分1.4g |

作り方
1 えのきは根元を切り、長さ4cmに切る。にらは長さ4cmに切る。かにかまは長さを半分に切ってほぐす。
2 フライパンにごま油を中火で熱し、えのきとかにかまを入れてさっと炒める。煮汁の材料と、豆腐をスプーンで大きくすくいながら加える。そのままふたをして弱めの中火にし、4〜5分煮る。にらを加えて強火にし、30秒ほど煮て火を止める。

仕上げにごま油を回しかけて
香りをプラスし、ぐっと本格味に。

あっさり ▢▢▢▢▢ こってり

豆腐とにらのスンドゥブ風

材料（2人分）
木綿豆腐……1丁（約300g）
にら…………¼束（約25g）
白菜キムチ……………100g
酒、しょうゆ……各大さじ1
ごま油……………少々

| 1人分149kcal | 塩分2.0g |

作り方
1 豆腐は6等分に切る。にらは長さ4cmに切る。キムチは食べやすく切る。
2 小鍋に水1カップを中火にかけ、煮立ったら酒、しょうゆ、豆腐を加えて弱火にし、3分ほど煮る。にら、キムチを加えてひと煮し、器に盛ってごま油を回しかける。

梅肉はみりんでのばし、酸味を
ほどよくマイルドにします。

あっさり ▭▭▮▭ こってり

豆腐ステーキの梅ソース

材料（2人分）
木綿豆腐……1丁（約300g）
梅干し（大）…………1個
削り節…小1パック（約3g）
みりん……………大さじ1
サラダ油…………小さじ1

作り方
1 豆腐は横に幅1.5cmに切り、ペーパータオルに包んで水けを拭き取る。梅干しは種を取って包丁で細かくたたき、小さめの器に入れる。削り節、みりんを加えて混ぜ、梅ソースを作る。

2 フライパンにサラダ油を中火で熱し、豆腐を並べ入れて、両面を2～3分ずつ焼く。こんがりと焼き色がついたら器に盛り、梅ソースをかける。

| 1人分 155kcal | 塩分 1.7g |

豆腐は手でちぎると、煮汁が中まで
しみ込みます。濃厚な中華味がたまらない。

あっさり ▭▭▭▮ こってり

豆腐と青梗菜のオイスター煮

材料（2人分）
絹ごし豆腐‥½丁（約150g）
青梗菜 ……1株（約120g）
しょうがのみじん切り……1かけ分
煮汁
┌ オイスターソース‥大さじ½
│ しょうゆ…………小さじ2
│ 鶏ガラスープの素（顆粒）、
│   片栗粉……各小さじ½
└ 水……………½カップ
サラダ油…………大さじ1

作り方
1 豆腐はかるく水けをきり、手で食べやすくちぎる。青梗菜は長さを4等分に切り、根元は8等分のくし形に切る。煮汁の材料を混ぜる。

2 フライパンにサラダ油、しょうがを入れて中火にかける。香りが立ったら青梗菜の茎を加え、油が回るまで炒める。豆腐、青梗菜の葉を加えてさっと炒め、煮汁をもう一度混ぜてから加え、とろみがつくまでときどき混ぜながら2分ほど煮る。

| 1人分 116kcal | 塩分 1.7g |

あっさり ▭▭▮▭ こってり 📺

豆腐の青のりチーズピカタ

材料（2人分）
木綿豆腐……1丁（約300g）
卵液
┌ 溶き卵…………1個分
│ 青のり、粉チーズ
│   ……………各大さじ1
└ しょうゆ…………小さじ1
塩、小麦粉 ………各適宜
こしょう……………少々
サラダ油…………大さじ1

作り方
1 豆腐は塩少々をふって耐熱皿にのせ、ふんわりとラップをかけて電子レンジで2分ほど加熱する。取り出して、ペーパータオルで包んで粗熱を取り、縦半分に切ってから横に6等分に切る。卵液の材料を混ぜる。

2 豆腐に塩少々、こしょうをふり、小麦粉を薄くまぶしつける。フライパンにサラダ油を中火で熱し、豆腐を1切れずつ卵液をからめて並べ入れる。両面を焼き色がつくまで1～2分ずつ焼く。

| 1人分 246kcal | 塩分 1.2g |

卵液をからめて焼いた豆腐は、
ふんわりやさしい口当たり。

あっ
た
か
豆
腐

95

余りがちななめたけを
使った超ラクチンな一品。

あっさり ▢▢■▢▢ こってり

豆腐となめたけの卵とじ

材料（2人分）
絹ごし豆腐…1丁（約300g）
溶き卵 ……………… 1個分
なめたけ ………… 大さじ3
三つ葉 …………… 適宜
酒 ………………… 大さじ2
塩 ………………… 少々

| 1人分148kcal | 塩分1.6g |

作り方
1 豆腐は2㎝角に切る。三つ葉は、葉は細切りにし、茎は幅2～3㎜に切る。

2 フライパンになめたけ、酒、塩を入れて中火で煮立て、豆腐を加えて1分30秒ほど煮る。溶き卵を回し入れ、ふたをして半熟状に火を通す。器に盛り、三つ葉をのせる。

あっさり ▢▢▢■▢ こってり

温やっこのきのこカレーあん

材料（2～3人分）
絹ごし豆腐…1丁（約300g）
しめじ…1パック（約100g）
ねぎの斜め薄切り … ½本分
片栗粉 …………… 大さじ1
サラダ油………… 小さじ1
カレー粉………… 小さじ1
煮汁
┌ しょうゆ……… 大さじ1½
│ 酒、みりん …… 各大さじ1
│ 塩 ………………… 少々
└ 水 ………………… 1カップ

| ⅓量で117kcal | 塩分1.6g |

作り方
1 しめじは石づきを切り、小房に分ける。豆腐は縦半分に切って耐熱皿に入れ、ふんわりとラップをかけて電子レンジで3分30秒ほど加熱する。片栗粉を水大さじ2で溶く。

2 フライパンにサラダ油を弱火で熱し、カレー粉を香りが立つまで炒める。煮汁の材料を加え、中火にする。煮立ったら、しめじ、ねぎを加えて2分ほど煮る。水溶き片栗粉をもう一度混ぜて回し入れ、手早く混ぜてとろみをつけ、火を止める。**1**の豆腐を器に盛り、きのこカレーあんをかける。

和風のカレーあんを、あったかい
豆腐によくからめていただきます。

あっさり ▢■▢▢▢ こってり

明太蒸し豆腐

材料（2人分）
絹ごし豆腐…1丁（約300g）
辛子明太子…1はら（約40g）
貝割れ菜のざく切り … 適宜
酒 ………………… 小さじ½
塩 ………………… 少々

| 1人分112kcal | 塩分1.4g |

作り方
1 豆腐は横半分に切る。明太子は縦に1本切り目を入れ、スプーンなどで身をこそげて、酒とあえる。

2 フライパンに水を高さ1㎝くらいまで注ぎ、豆腐を並べ入れる。豆腐に塩をふり、**1**の明太子を等分にのせる。ふたをして弱めの中火にかけ、5～7分蒸し煮にする。水けをきって器に盛り、貝割れ菜をのせる。

豆腐を蒸すと、むちっとした食感に
なり、食べごたえがアップします。

具材の数を抑えているので、
作りやすいのがうれしい。

あっさり ▢▢▢▢▢ こってり

シンプルいり豆腐

材料 (2人分)
木綿豆腐 (大)
　‥‥‥‥‥ ½丁 (約200g)
卵‥‥‥‥‥‥‥‥‥ 2個
グリーンピース(冷凍)‥ ¼カップ
調味用
「砂糖、みりん‥‥ 各大さじ1
　しょうゆ‥‥‥‥ 小さじ1
└塩‥‥‥‥‥‥‥‥‥ 少々
サラダ油、ごま油‥ 各小さじ1

作り方
1 豆腐は粗くくずしてざるにのせ、かるく水けをきる。卵は溶きほぐす。グリーンピースは別のざるにのせ、熱湯を回しかける。

2 フライパンにサラダ油、ごま油を中火で熱し、豆腐、グリーンピースを炒める。全体に油が回ったら調味用の材料を加え、汁けがほぼなくなるまで6～7分炒める。溶き卵を回し入れ、卵が固まるまで大きく混ぜる。

| 1人分240kcal | 塩分1.2g |

あっさり ▢▢▢▢▢ こってり

豆腐のもっちり焼き

材料 (2人分)
絹ごし豆腐‥ 1丁 (約300g)
桜えび‥ 大さじ2強 (約6g)
片栗粉‥‥‥‥‥ 大さじ5～6
塩‥‥‥‥‥‥‥‥‥‥ 少々
しょうがのすりおろし‥‥ 適宜
しょうゆ‥‥‥‥‥‥‥‥ 適宜
サラダ油‥‥‥‥‥‥ 大さじ1

作り方
1 ボールに豆腐、片栗粉、塩を入れ、泡立て器で豆腐をくずしながら、なめらかになるまで混ぜる。桜えびを加え、さっと混ぜる。

2 フライパンにサラダ油を強めの中火で熱し、**1**を⅙～¼量ずつスプーンですくって入れる。直径7～8cmの円形に広げてならし、焼き色がつくまで2分ほど焼く。裏返して水大さじ2を加え、ふたをして弱めの中火で3～4分蒸し焼きにする。ふたを取り、裏返しながらさらに2分ほど焼き、器に盛る。しょうがをのせて、しょうゆをかける。

| 1人分225kcal | 塩分0.8g |

豆腐とは思えないもっちり
&ふわふわの食感に驚き！

あったか豆腐

卵＋粉チーズに黒こしょうをピリッと
きかせ、ワインによく合うあの味に。

あっさり ▢▢▢▢▢ こってり

豆腐のソテー カルボナーラ風

材料 (2人分)
絹ごし豆腐‥ 1丁 (約300g)
市販の温泉卵‥‥‥‥‥ 2個
塩、こしょう‥‥‥‥ 各少々
小麦粉‥‥‥‥‥‥‥‥ 適宜
粉チーズ‥‥‥‥‥ 大さじ1½
粗びき黒こしょう‥‥‥‥ 少々
オリーブオイル‥‥‥ 大さじ½

作り方
1 豆腐はペーパータオルに包んで水けを拭き、厚みを半分に切る。塩、こしょうをふって、小麦粉を薄くまぶす。

2 フライパンにオリーブオイルを中火で熱し、豆腐をこんがりと焼き色がつくまで、両面を2～3分ずつ焼く。器に盛り、粉チーズ、粗びき黒こしょうをふって、温泉卵をのせる。

| 1人分236kcal | 塩分0.9g |

厚揚げ

豆腐を油で揚げた厚揚げは、油のこくがプラスされたぶん、食べごたえが格段にアップ。具をのせたり、ソースを塗ってトースターで焼くなど、しっかりした堅さがあるからこそできる厚揚げ料理は、バラエティ豊か。水きりいらずで下ごしらえの手間がなく、すぐに調理にかかれるので、完成までスピーディなのもうれしいですね。

あっさり ☐☐☐■☐ こってり

厚揚げのじゃこマヨ焼き

材料（2人分）
厚揚げ……1枚（約200g）
ちりめんじゃこ………10g
青のり………………少々
マヨネーズ……大さじ3〜4

作り方
1 厚揚げは横に6等分に切る。オーブントースターを温めておく。
2 オーブン用シートを敷いた天板に、厚揚げを切り口を上にして並べ、マヨネーズを等分にかけて、じゃこを等分にのせる。トースターに入れ、焼き色がつくまで5〜6分焼く。器に盛り、青のりを散らす。

| 1人分281kcal | 塩分0.8g |

マヨネーズを塗って焼いた厚揚げは、じゃこと相まって抜群の香ばしさ！

あっさり ☐☐☐☐■ こってり

厚揚げのごまみそ焼き

材料（2人分）
厚揚げ……1枚（約200g）
万能ねぎの小口切り……適宜
ごまみそ
┌ 白すりごま、みそ、砂糖
│ ………… 各大さじ1
└ みりん………… 小さじ1

作り方
1 ごまみその材料を混ぜる。厚揚げは横に6等分に切る。
2 オーブントースターの天板にアルミホイルを敷き、**1**の厚揚げを切り口を上にして並べる。表面の水けをペーパータオルでよく拭き取り、ごまみそを等分に塗る。トースターで様子をみながら8分ほど焼き、ごまみそにかるく焼き色がついたら取り出す。器に盛り、万能ねぎを散らす。

| 1人分219kcal | 塩分1.1g |

甘く濃厚なごまみそで、くせになる味に。

あっさり ▯▯▮▯▯ こってり

厚揚げのピザ風

材料（2人分）
厚揚げ‥‥‥‥1枚（約200g）
ピザ用チーズ‥‥‥‥大さじ3
万能ねぎの小口切り‥‥適宜
ピザソース
┌トマトケチャップ
│‥‥‥‥‥‥‥‥大さじ1
│しょうゆ‥‥‥‥大さじ½
└タバスコ®‥‥‥小さじ⅓

| 1人分200kcal | 塩分1.1g |

作り方
1 厚揚げは厚みを半分に切り、横半分に切ってから斜め半分に切る。ピザソースの材料を混ぜ合わせ、厚揚げの切り口に等分に塗る。オーブントースターを温めておく。
2 厚揚げにピザ用チーズを等分に散らし、オーブン用シートを敷いた天板に並べる。トースターに入れ、3〜4分焼いて器に盛り、万能ねぎを散らす。

厚揚げをピザ生地に見立て、ユニークで食べやすい一品に。

オイスターソースとチーズが、意外なほどよく合います。

あっさり ▯▯▯▮▯ こってり

厚揚げののりチーズ焼き

材料（2人分）
厚揚げ‥‥‥‥1枚（約200g）
ピザ用チーズ‥‥‥‥‥‥50g
焼きのり（全形）‥‥‥‥½枚
万能ねぎの小口切り‥‥適宜
オイスターソース‥大さじ2

| 1人分266kcal | 塩分2.6g |

作り方
1 厚揚げは横に4等分に切る。のりは小さめにちぎり、チーズを加えてさっと混ぜる。
2 オーブントースターの天板にアルミホイルを敷き、**1**の厚揚げを切り口を上にして並べ入れる。オイスターソースを等分に塗り、**1**ののりとチーズを等分にのせる。トースターで5分ほど焼き、チーズにかるく焼き色がついたら取り出す。器に盛り、万能ねぎをのせる。

厚揚げ

あっさり ▯▯▯▮▯ こってり 🎁

厚揚げグリルのお好み焼き風

材料（2人分）
厚揚げ‥‥‥‥1枚（約200g）
紅しょうが‥‥‥大さじ1〜2
中濃ソース、マヨネーズ、
　青のり、削り節‥‥各適宜

| 1人分205kcal | 塩分1.0g |

作り方
1 厚揚げは厚みを半分に切る。魚焼きグリルを2分予熱し、焼き網に厚揚げを切り口を上にして並べる。3分焼き、上下を返してさらに3分焼く。
2 厚揚げの切り口を上にして器に盛り、中濃ソースを塗って、紅しょうが、青のりを散らし、マヨネーズをかけて削り節を散らす。

おつまみにもなる濃厚味。カリッカリに焼くのがポイントです。

キムチの辛みとごま油の香りが
相まって、やみつきになります。

あっさり ▢▢▣▢▢ こってり

焼き厚揚げのキムチあえ

材料（2人分）
厚揚げ……1枚（約200g）
白菜キムチ……………60g
万能ねぎ…………2～3本
ごま油……………小さじ1
しょうゆ……………少々

| 1人分184kcal | 塩分0.8g |

作り方
1 厚揚げは縦半分に切ってから、横に幅7
～8mmに切る。キムチは粗く刻む。万能ねぎは長さ3cmに切る。
2 フライパンにごま油を中火で熱し、厚揚げを並べ入れる。ときどき返しながら2～3分焼き、かるく焼き色がついたらボールに入れる。キムチ、万能ねぎ、しょうゆを加え、混ぜる。

あっさり ▢▣▢▢▢ こってり

厚揚げとにんじんの卵とじ

材料（2人分）
厚揚げ（大）…1枚（約250g）
にんじん（長さ3cmに切り、縦半分に
　切ったもの）……1切れ（約20g）
溶き卵………………2個分
煮汁
　┌ だし汁…………⅓カップ
　│ しょうゆ………小さじ2
　└ 砂糖、酒………各小さじ1

| 1人分280kcal | 塩分1.1g |

作り方
1 にんじんは皮をむき、縦に細切りにする。厚揚げは2.5cm角に切る。
2 小鍋に煮汁の材料を入れて混ぜ、中火にかける。煮立ったら厚揚げ、にんじんを加え、3分ほど煮る。溶き卵を回し入れて大きく混ぜ、半熟状になったら火を止める。

だし汁を吸った厚揚げに卵がふんわり
からみ、しみじみとしたおいしさ。

焼きつけた厚揚げにラー油入りの
しょうゆを回しかけ、手早く仕上げて。

あっさり ▢▢▣▢▢ こってり

厚揚げと豆苗のラーじょうゆ炒め

材料（2人分）
厚揚げ……1枚（約200g）
豆苗……½パック（約180g）
ラーじょうゆ
　┌ しょうゆ、酢…各大さじ1
　└ ラー油…………小さじ½
塩……………………小さじ¼
ごま油……………大さじ1

| 1人分235kcal | 塩分2.0g |

作り方
1 厚揚げは手で大きめの一口大にちぎる。豆苗は根元を切る。ラーじょうゆの材料を混ぜる。
2 フライパンにごま油を中火で熱し、厚揚げを並べる。ときどきころがしながら4分ほど焼き、塩をふって豆苗を加え、ラーじょうゆを回しかける。上下を返すようにして全体を混ぜ、1分ほど炒める。

鶏肉の代わりに、厚揚げを使って
香ばしく。濃厚なごまだれがgood。

あっさり □□□■□ こってり

厚揚げの棒棒鶏風
(バンバンジー)

材料 (2人分)
厚揚げ……1枚 (約200g)
貝割れ菜…½パック (約50g)
ごまだれ
┌白練りごま………大さじ1
│酢、しょうゆ ··各小さじ2
│砂糖……………小さじ1
└豆板醤…………小さじ½
 (トウバンジャン)

| 1人分214kcal | 塩分1.1g |

作り方
1 厚揚げはざるにのせ、熱湯を回しかけて油抜きをする。水けを拭き、アルミホイルを敷いた天板にのせて、オーブントースターで7〜8分焼く。貝割れは根元を切って長さ4cmに切る。

2 ごまだれの材料を混ぜる。厚揚げを手で食べやすく割って器に盛る。ごまだれをかけ、貝割れを添える。

あっさり □□□■□ こってり

厚揚げとしし唐のみそ炒め

材料 (2人分)
厚揚げ……½枚 (約100g)
しし唐辛子……………8本
みそだれ
┌酒………………大さじ2
│みそ………大さじ1½
│砂糖…………小さじ2
└しょうゆ………小さじ1
サラダ油…………大さじ1

| 1人分196kcal | 塩分2.1g |

作り方
1 厚揚げは一口大に切る。しし唐はへたを切り、縦に1本切り目を入れる。みそだれの材料を混ぜる。

2 フライパンにサラダ油を中火で熱し、厚揚げを焼き色がつくまで炒める。しし唐を加えてさっと炒め合わせ、みそだれを加えて手早くからめる。

厚揚げは油抜きせずに
うまみを生かします。

厚
揚
げ

生のにらを刻んだたれは香り豊か。
酢じょうゆだから、後味はさっぱり。

あっさり □■□□□ こってり

カリカリ厚揚げのにらだれがけ

材料 (2人分)
厚揚げ (大)…1枚 (約280g)
にら………½束 (約50g)
調味用
┌酢、しょうゆ ··各大さじ1
│白いりごま、ごま油
└　　　　　各小さじ1
サラダ油…………大さじ½

| 1人分279kcal | 塩分1.3g |

作り方
1 にらは粗みじんに刻み、調味用の材料と混ぜてにらだれを作る。厚揚げはペーパータオルで包み、余分な油をしっかりと拭く。

2 フライパンにサラダ油を中火で熱し、厚揚げを入れて、フライ返しで押さえつけながら、両面がカリッとするまで5分ほど焼く。取り出して、縦半分に切ってから横に4等分に切る。器に盛り、にらだれをのせる。

油揚げ

水きりした豆腐を薄切りにして、油で揚げた油揚げ。中が空洞の独特の形は、カットして使うだけでなく、袋状にして中に具を詰めたり、開いて巻いたり、形状の変化も存分に楽しめます。カリッと焼いて香ばしく、じんわり煮汁を吸わせてジューシーに……、いろいろな調理法で、そのおいしさを存分に味わってください。

焼きのりの風味がほんのり香り、
ご飯にもお酒にもぴったりの一品。

あっさり ☐☐☐■☐ こってり

納豆キムチのきんちゃく焼き

材料（2人分）
油揚げ……………………2枚
納豆……1パック（約50g）
白菜キムチ………………50g
焼きのり（全形）………½枚
好みでしょうゆ………適宜

作り方
1 焼きのりは細かくちぎる。油揚げは長さを半分に切り、切り口に指を入れて、破らないよう少しずつ開いて袋状にする。ボールに納豆、焼きのりと、キムチをかるく汁けをきって入れ、混ぜる。油揚げ1切れに¼量ずつ詰めて口を閉じ、つま楊枝で縫うようにして留める。

2 フライパンを油をひかずに弱めの中火で熱し、**1**を並べ入れる。ときどき裏返しながら、焼き色がつくまで両面を3分くらいずつ焼く。器に盛り、好みでしょうゆをかける。

| 1人分179kcal | 塩分0.7g |

あっさり ☐☐☐■☐ こってり

油揚げと卵のみそマヨ焼き

材料（2人分）
油揚げ……………………1枚
卵…………………………2個
みそマヨ
┌ みそ………大さじ½〜1
└ マヨネーズ………大さじ2
好みで七味唐辛子……少々

作り方
1 油揚げは長さを半分に切り、耐熱の器に入れる。みそマヨの材料を混ぜて油揚げに等分に塗り、卵を割り入れる。

2 オーブントースターに**1**を入れ、3〜5分焼く。卵が半熟状になったら取り出し、好みで七味唐辛子をふる（卵の中まで火が通りにくい場合はアルミホイルをかぶせ、さらに1〜2分焼く）。

| 1人分222kcal | 塩分1.0g |

みそマヨを塗った油揚げに、
まろやかな半熟卵をからめて。

あっさり ▢▢▨▢▢ こってり

油揚げの2色レンジチップ

材料 (2人分)
油揚げ‥‥‥‥‥‥‥‥‥1枚
山椒塩
┌粉山椒、塩‥‥‥各小さじ½
青のり塩
┌青のり‥‥‥‥‥‥小さじ1
└塩‥‥‥‥‥‥‥‥小さじ½

| 1人分59kcal | 塩分1.5g |

作り方
1 油揚げは長さを半分に切ってから、縦に4等分に切る。小さめのバットなどに山椒塩、青のり塩の材料をそれぞれ混ぜる。
2 直径20cmの耐熱皿にオーブン用シートを敷き、中心をあけるようにして油揚げを並べ、ラップをせずに電子レンジで6分ほど加熱する。カリッとしたら取り出し、熱いうちに**1**の山椒塩、青のり塩を等分にまぶしつける。

レンジにかけた油揚げは、驚くほどカリカリに！ スナック感覚でどうぞ。

みそを内側に塗ってあるので、そのままでしっかりおいしい！

あっさり ▢▢▢▨▢ こってり 📺

油揚げのねぎチーズ詰め焼き

材料 (2人分)
油揚げ‥‥‥‥‥‥‥‥‥2枚
ねぎ‥‥‥‥¼本 (約30g)
スライスチーズ‥‥‥‥‥4枚
みそ‥‥‥‥‥‥‥‥小さじ2

| 1人分254kcal | 塩分1.8g |

作り方
1 ねぎは斜め薄切りにする。チーズは半分に切る。油揚げはペーパータオルで包んで余分な油を拭き、菜箸をのせてころがし、開きやすくする。油揚げを縦半分に切り、切り口から袋状に開く。内側にみそを¼量ずつ塗って、ねぎ、チーズを¼量ずつ詰める。
2 フライパンを弱火で熱し、**1**を並べ入れる。ときどき返しながら、こんがりと焼き色がつくまで4〜5分焼く。途中、チーズが溶けて出てくることもあるが、そのまま焼けばカリッとしておいしい。

油揚げ

味つけはさば缶のみ！ 油揚げのパリパリ感もおいしさの秘訣です。

あっさり ▢▨▢▢ こってり 📺

油揚げのさば缶詰め焼き

材料 (2人分)
油揚げ‥‥‥‥‥‥‥‥‥2枚
さばの好みの味つけ缶詰
　(140g入り)‥‥‥‥‥1缶
万能ねぎの小口切り
　‥‥‥‥‥‥‥‥‥‥3本分

| 1人分269kcal | 塩分0.8g |

作り方
1 油揚げは長さを半分に切り、開きやすいように菜箸1本を上からころがし、そっと開く。さばに万能ねぎを加えて混ぜ、油揚げに等分に詰める。
2 フライパンに油をひかずに**1**を入れ、両面を1分30秒くらいずつ焼く。

油揚げはフライパンでこんがり
焼いて、サクッとした食感に。

あっさり ■□□□□ こってり

油揚げとわかめのナムル

材料（2人分）

油揚げ……………………1枚
カットわかめ（乾燥）
　……………大さじ1（約3g）
白いりごま…………小さじ1
合わせ調味料
　┌ごま油、しょうゆ
　└……………各小さじ⅔

| 1人分82kcal | 塩分0.4g |

作り方

1 わかめは熱湯に3分ほど浸してもどし、水けを絞る。油揚げはペーパータオルではさんで余分な油を取る。フライパンに入れて中火にかけ、2分ほど焼く。こんがりしたら裏返し、さらに1分ほど焼く。縦半分に切り、横に幅1cmに切る。

2 ボールに合わせ調味料の材料を混ぜ、油揚げ、わかめ、いりごまを加えてあえる。

あっさり □■□□□ こってり

油揚げとほうれん草の煮びたし

材料（2人分）

油揚げ……………………2枚
ほうれん草…⅓わ（約100g）
しょうがのすりおろし
　…………………2かけ分
塩…………………………少々
煮汁
　┌だし汁……………1カップ
　│しょうゆ、酒…各小さじ1
　└塩……………………少々

| 1人分136kcal | 塩分0.7g |

作り方

1 ほうれん草は塩を加えた熱湯に根元から入れ、1分ほどゆでる。冷水にとってさまし、水けを絞って、根元を切ってから長さ3〜4cmに切る。油揚げはざるにのせ、熱湯を回しかけて油抜きをする。粗熱が取れたら水けを絞り、8等分に切る。

2 鍋に煮汁の材料を混ぜ、弱めの中火にかける。煮立ったら油揚げ、ほうれん草と、しょうがの½量を加え、2〜3分煮て火を止める。そのまま2〜3分おいて味をなじませ、器に盛って、残りのしょうがをのせる。

箸休めにぴったりのやさしい味。
だしの風味にほっとなごみます。

油揚げをクルトンに見立てて。
みそ味のドレッシングと相性抜群。

あっさり □■□□□ こってり

油揚げの和風シーザーサラダ

材料（2人分）

油揚げ……………………1枚
レタスの葉………3〜4枚
粉チーズ…………大さじ2
ドレッシング
　┌酢……………大さじ1½
　│サラダ油、みそ
　└……………各大さじ1

| 1人分152kcal | 塩分1.1g |

作り方

1 魚焼きグリルを中火で2分ほど予熱する。油揚げを焼き網にのせ、焼き色がつくまで2〜3分焼き、裏返してさらに2〜3分焼いて食べやすくちぎる。レタスは食べやすくちぎる。ドレッシングの材料を混ぜ合わせる。

2 レタス、油揚げを合わせて器に盛り、ドレッシングを回しかけて、粉チーズをふる。

油揚げから深い味わいの煮汁が
ジュワーッとしみ出します。

あっさり ☐☐☐■☐ こってり

油揚げとしめじの炒め煮

材料（2人分）
油揚げ・・・・・・・・・・・・・・・1枚
しめじ・・・・1パック（約100g）
煮汁
 ┌ 削り節・・小1パック（約2g）
 │ しょうゆ、砂糖・・・各小さじ2
 └ 酒・・・・・・・・・・・・大さじ1
好みで七味唐辛子・・・・・・少々

| 1人分94kcal | 塩分0.9g |

作り方
1 油揚げは一口大に切る。しめじは石づき
を取ってほぐす。

2 フライパンに熱湯を沸かし、油揚げとし
めじを入れて1分ほどゆで、ざるに上げる。
続けて、フライパンに油揚げ、しめじ、煮汁
の材料を入れる。弱めの中火にかけ、煮汁
がほとんどなくなるまで炒め煮にする。器
に盛り、好みで七味をふる。

あっさり ■☐☐☐☐ こってり

油揚げのみぞれあえ

材料（2人分）
油揚げ・・・・・・・・・・・・・・・1枚
大根おろし
 ・・・・・・1/10本分（約120g）
みょうが・・・・・・・・・・・・・1個
貝割れ菜
 ・・・・・・1/4パック（約25g）
市販のポン酢しょうゆ
 ・・・・・・・・・・・・・・・大さじ1

| 1人分76kcal | 塩分0.7g |

作り方
1 油揚げは縦半分に切り、横に幅2cmに切
る。みょうがは縦半分に切り、縦に薄切りに
する。大根おろしは汁けをきる。

2 フライパンを油をひかずに弱めの中火
で熱し、油揚げを並べ入れる。フライ返し
でかるく押さえながら、こんがりと焼き色が
つくまで両面を3分くらいずつ焼く。ボー
ルに油揚げ、大根おろし、みょうが、根元を
切った貝割れ菜を入れ、さっくりとあえて器
に盛り、ポン酢しょうゆをかける。

さっぱりとした大根おろしが、
油揚げのうまみを引き立てます。

油揚げ

油揚げにしみ込んだカレー味が
たまらないおいしさ！

あっさり ■☐☐☐ こってり

油揚げと水菜の和風カレー煮

材料（2人分）
油揚げ・・・・・・・・・・・・・・・2枚
水菜・・・・・・2～3株（約40g）
煮汁
 ┌ だし汁・・・・・・・・・・1カップ
 │ しょうゆ、みりん
 │ ・・・・・・・・・・各大さじ1
 └ カレー粉・・・・・・・小さじ1/2

| 1人分146kcal | 塩分1.0g |

作り方
1 油揚げはざるに入れ、熱湯を回しかけて
油抜きをし、横に幅1cmに切る。水菜は長さ
6cmに切る。

2 小鍋に煮汁の材料を入れて中火にかけ、
煮立ったら油揚げ、水菜を加えて弱火にし、
2分ほど煮て火を止める。

もどしておけばすぐ使える！

乾物ストックで10分副菜

ひじきや切り干し大根など、乾物の副菜が一品あると、ヘルシーでバランスのよい献立になります。一から作りはじめると時間がかかってしまう乾物料理だからこそ、まとめてもどしておきましょう。滋味深い味わいは和食にかぎらず、洋風の味つけもじつはよく合います。乾物で作る副菜レパートリー、増やしてみませんか。

ひじきストック

材料（作りやすい分量）
ひじき（乾燥）……………… 1袋（約20g）
しょうゆ、オリーブオイル …… 各大さじ1
砂糖………………………… 小さじ1

● 保存法と保存期間
粗熱が取れたら、保存容器に入れて冷蔵庫へ。3〜4日保存できる。

作り方

1
ひじきを20分ほど水につけてもどす。ゆすぎながら洗ってざるに上げ、水けをきる。

2
耐熱のボールに入れ、しょうゆ、オリーブオイル、砂糖を加えて混ぜる。ふんわりとラップをかけ、電子レンジで3分加熱する。

ひじきと 厚揚げのごまあえ

材料（2人分）
「ひじきストック」（P106参照）½量　厚揚げ（小）1枚（約150g）　あえごろも〈白すりごま大さじ2　砂糖小さじ2　しょうゆ小さじ1〉

作り方
厚揚げは耐熱の器にのせてふんわりとラップをかけ、電子レンジで2分ほど加熱する。粗熱が取れたら手でちぎりながらボールに入れる。「ひじきストック」、あえごろもの材料を加え、厚揚げをくずしながら、へらで混ぜ合わせる。

| 1人分216kcal | 塩分0.5g |

色とりどりの野菜で
カラフルなひと皿。

厚揚げをつぶしながら
混ぜ、白あえ風に。

ひじきの デリ風サラダ

材料（2人分）
「ひじきストック」（P106参照）½量　プチトマト4個　きゅうり½本　玉ねぎのみじん切り大さじ2　ミックスビーンズ（ドライパック）50g　ドレッシング〈オリーブオイル大さじ1　酢大さじ½　塩、こしょう各少々〉

作り方
ボールにドレッシングの材料を入れ、混ぜる。プチトマトはへたを取り、縦半分に切る。きゅうりは端を切り、幅5mmの輪切りにする。ドレッシングのボールに「ひじきストック」、プチトマト、きゅうり、玉ねぎのみじん切り、ミックスビーンズを加えてあえる。

| 1人分151kcal | 塩分1.3g |

ひじきと長いもの 梅あえ

材料（2人分）と作り方
長いも100gは皮をむき、ポリ袋に入れてめん棒などでかるくたたいてつぶす。梅干し1個は種を取り除き、粗く刻む。ボールに「ひじきストック」（P106参照）の½量、長いも、梅肉を入れてあえる。

| 1人分78kcal | 塩分1.5g |

梅のほどよい酸味で、
後味さっぱり。

切り干し大根
ストック

材料 (作りやすい分量)
切り干し大根 ……………… 1袋 (約50g)
市販のめんつゆ (3倍希釈)
……………………… 大さじ1½〜2

● 保存法と保存期間
冷蔵庫で3〜4日保存できる。

1

切り干し大根をボールに入
れ、水を加えて手でもみ洗い
する。水を2〜3回替えなが
ら同様に繰り返して洗い、水
けを絞る。

2

保存容器に、めんつゆ、水
120mlを入れて混ぜる。切
り干し大根を加えて全体に
からめ、冷蔵庫に入れて一晩
漬ける。

こくのあるツナマヨと
相性抜群！

切り干し大根の
ツナマヨあえ

材料（2人分）と作り方
ツナ缶詰（80g入り）1缶はかるく缶汁をきる。貝
割れ菜¼パックは長さを半分に切る。ボールに
「切り干し大根ストック」（P108参照）の½量、ツ
ナ、貝割れ菜、マヨネーズ大さじ1を入れてあえる。

| 1人分192kcal | 塩分1.2g |

切り干し大根の
シンプル煮もの

材料（2人分）
「切り干し大根ストック」
（P108参照）½量　ちくわ2本
にんじん（小）½本（約60g）
みりん大さじ1　しょうゆ小
さじ1

作り方
ちくわは縦半分に切って、幅1cmの斜め切
りにする。にんじんは皮をむき、細切りにす
る。鍋に「切り干し大根ストック」、ちくわ、
にんじんを入れ、みりん、しょうゆを回し入
れ、かぶるくらいの水を加えて中火にかけ
る。煮立ったら弱火にし、3分ほど煮る。

| 1人分112kcal | 塩分1.8g |

コリコリッとした
独特の食感を楽しんで。

定番の煮ものも、
ストックを使えば即完成。

切り干し大根の
ペペロンチーノ風

材料（2人分）
「切り干し大根ストック」
（P108参照）½量　ベーコン
2枚　にんにくのみじん切り
1かけ分　赤唐辛子の小口
切り½本分　パセリのみじ
ん切り適宜　オリーブオイ
ル大さじ1

作り方
ベーコンは細切りにする。フライパンにオ
リーブオイルを中火で熱し、ベーコン、にん
にく、赤唐辛子を炒める。香りが立ったら
「切り干し大根ストック」を加えて炒め合わ
せる。器に盛り、パセリをふる。

| 1人分180kcal | 塩分1.1g |

第3章

卵で
10分副菜

冷蔵庫のレギュラー選手といっても過言ではない卵。良質なアミノ酸が多く含まれ、ミネラルやビタミン類も豊富。完全栄養食といわれるほど、栄養がぎゅっと詰まっています。効率的に栄養がとれるからこそ、ささっと作る副菜にぜひとも活用してください。

ふんわり卵

生でよし、ゆでてよし、焼いてよしの卵は、レシピの宝庫。ふんわり食感を楽しむなら、スクランブルドエッグや卵焼き、オムレツや卵とじがおすすめです。もちろん、どれも難しいコツはなし。副菜としてはもちろん、おべんとうに向くメニューも満載！ レパートリーをどんどん増やして、ぜひ毎日のごはん作りに役立ててください。

中華で人気の酸っぱ辛いスープを、卵とじにアレンジ。

あっさり ☐☐☐☐☐ こってり

えのきの酸辣湯風卵とじ
スワン ラー タン

材料（2人分）
卵‥‥‥‥‥‥‥‥‥‥2個
えのきだけ‥‥½袋（約50g）
煮汁
水‥‥‥‥‥‥‥‥1カップ
酒、酢‥‥‥‥‥各大さじ1
塩‥‥‥‥‥‥‥小さじ⅓
鶏ガラスープの素（顆粒）
‥‥‥‥‥‥‥小さじ¼
ラー油、粗びき黒こしょう
‥‥‥‥‥‥各少々

| 1人分95kcal | 塩分1.4g |

作り方
1 ボールに卵を溶きほぐす。えのきは根元を切り落とし、長さを半分に切ってほぐす。直径20cmのフライパンに煮汁の材料を入れて混ぜ、中火にかける。煮立ったらえのきを加え、1分ほど煮る。
2 強めの中火にして溶き卵を全体に流し入れ、1分ほど煮る。器に盛り、ラー油を回しかけて、粗びき黒こしょうをふる。

あっさり ☐☐☐☐☐ こってり

ひと口にらたま

材料（2人分）
卵液
溶き卵‥‥‥‥‥‥2個分
豆板醤、塩‥‥各小さじ¼
トウバンジャン
砂糖‥‥‥‥‥ひとつまみ
にら‥‥‥‥‥½束（約50g）
ごま油‥‥‥‥‥小さじ2

| 1人分119kcal | 塩分1.1g |

作り方
1 にらは長さ5〜6cmに切る。卵液の材料を混ぜる。
2 フライパンにごま油を中火で熱し、にらを1分ほど炒める。フライパンの中で6等分に分け、卵液を全体に流し入れて、2〜3分焼く。6等分に切り分け、器に盛る。

豆板醤を加えたちょっぴりピリ辛の卵が、にらの風味と相性バッチリ。

あっさり □□□■□ こってり

お好み焼き風卵焼き

材料（2人分）
卵‥‥‥‥‥‥‥‥‥‥‥2個
中濃ソース、青のり、紅しょうが
‥‥‥‥‥‥‥‥‥‥各適宜
サラダ油‥‥‥‥‥‥ 大さじ½

作り方
1 小さめの器2個に卵を1個ずつ割り入れる。フライパンにサラダ油を中火で熱し、卵をそっと落とし入れ、白身が固まるまで1分ほど焼く。かるく黄身をつぶして半分に折り、両面をさっと焼く。
2 器に盛り、中濃ソースをかけて青のりをふり、紅しょうがをのせる。

| 1人分111kcal | 塩分0.6g |

ソース、紅しょうが、青のりで、
生地はないのに、お好み焼きのよう！

あっさり □■□□□ こってり

卵としめじのスクランブルドエッグ

材料（2人分）
卵液
┌ 卵‥‥‥‥‥‥‥‥‥‥2個
│ 牛乳‥‥‥‥‥‥ 大さじ1
│ マヨネーズ‥‥‥‥ 大さじ½
└ 塩、こしょう‥‥‥ 各少々
しめじ‥ ½パック（約50g）
パセリのみじん切り‥‥適宜
オリーブオイル‥‥‥ 大さじ1
塩‥‥‥‥‥‥‥‥‥‥少々

作り方
1 ボールに卵を溶きほぐし、残りの卵液の材料を加えて混ぜ合わせる。しめじは石づきを切り、小房に分ける。
2 フライパンにオリーブオイルを中火で熱し、しめじを炒める。塩をふり、しめじがしんなりしてきたら1の卵液を流し入れて大きく混ぜる。半熟状になったら器に盛り、パセリを散らす。

| 1人分160kcal | 塩分0.9g |

卵液にマヨネーズを加えると、
ふんわりと仕上がります。

あっさり □□□■□ こってり

ねぎとチーズのオムレツ

材料（2人分）
卵‥‥‥‥‥‥‥‥‥‥‥2個
ねぎ‥‥‥‥ ⅓本（約30g）
ピザ用チーズ‥‥‥‥‥30g
塩、こしょう‥‥‥‥ 各少々
サラダ油‥‥‥‥‥‥小さじ2
トマトケチャップ‥‥‥‥適宜

作り方
1 ねぎは薄めの小口切りにする。ボールに卵を割りほぐし、ピザ用チーズ、塩、こしょうを加えて混ぜる。
2 直径20cmのフライパンにサラダ油を中火で熱し、1のねぎを入れて1分ほど炒める。しんなりとしたら卵液を流し入れ、菜箸で大きく3～4回混ぜる。まわりが固まり、中心が半熟状になったら手前に半分に折り、2～3分焼く。器に盛り、トマトケチャップをかける。

| 1人分177kcal | 塩分1.1g |

たっぷりのチーズがとろ～り
溶け出す、濃厚さがたまらない。

牛乳ベースの卵液にプチトマトを
加えた、洋風の茶碗蒸しです。

あっさり ▢▢▨▨▢ こってり

プチトマトとハムのレンジ茶碗蒸し

材料（2人分）
卵液
┌ 溶き卵‥‥‥‥‥‥‥1個分
│ 牛乳‥‥‥‥‥‥‥½カップ
└ 塩‥‥‥‥‥‥‥‥小さじ½
プチトマト‥‥‥‥‥‥‥4個
ハム‥‥‥‥‥‥‥‥‥‥1枚
あればイタリアンパセリ
‥‥‥‥‥‥‥‥‥‥‥適宜

作り方
1 ハムは放射状に12等分に切る。プチトマトはへたを取り、縦半分に切る。卵液の材料を混ぜる。
2 耐熱の器にプチトマト、ハムを½量ずつ入れ、卵液を等分に注ぐ。ふんわりとラップをかけ、電子レンジで2分30秒ほど加熱する。取り出して、あればイタリアンパセリの葉を摘んでのせる。

| 1人分98kcal | 塩分1.9g |

あっさり ▢▢▨▨▢ こってり 📺

ソーセージとキャベツのオープンオムレツ

材料（2人分）
卵‥‥‥‥‥‥‥‥‥‥‥3個
ウインナソーセージ‥‥‥3本
キャベツの葉‥2枚（約100g）
牛乳‥‥‥‥‥‥‥‥大さじ2
バター‥‥‥‥‥‥大さじ1½
塩、こしょう‥‥‥‥各適宜

作り方
1 キャベツはしんをV字に切り取り、横にせん切りにする。長ければ半分に切る。ソーセージは幅6〜7mmの斜め切りにする。ボールに卵を割りほぐし、牛乳と、塩ひとつまみ、こしょう少々を加えて混ぜる。
2 直径20cmのフライパンにバターを中火で熱し、溶けたらソーセージ、キャベツを入れて1分ほど炒める。塩、こしょう各少々をふり、卵液を流し入れて広げる。ふたをして1分ほど蒸し焼きにし、弱火にして、さらに4分ほど焼く。食べやすく切って器に盛る。

| 1人分306kcal | 塩分1.6g |

ぷりぷりのソーセージと、しんなりした
キャベツの取り合わせが絶妙。

卵は手早く炒め、とろりとした
半熟状に仕上げるのがおすすめ。

あっさり ▨▨▢▢▢ こってり

レタスサラダのふんわり卵のせ

材料（2人分）
卵‥‥‥‥‥‥‥‥‥‥‥2個
レタスの葉（大）‥‥‥‥2枚
オーロラソース
┌ マヨネーズ‥‥‥‥大さじ2
└ トマトケチャップ‥‥大さじ1
サラダ油‥‥‥‥‥‥大さじ½

作り方
1 レタスは食べやすくちぎり、水けをしっかりきって器に盛る。卵は溶きほぐす。オーロラソースの材料を混ぜ合わせる。
2 フライパンにサラダ油を中火で熱し、溶き卵を流し入れる。菜箸で大きくかき混ぜ、半熟状になったら火を止める。レタスの上にのせ、オーロラソースをかける。

| 1人分197kcal | 塩分0.7g |

あっさり ▢▢▨▢▢ こってり

明太子とねぎの卵焼き

材料（2人分）
溶き卵 ···················· 2個分
辛子明太子（小）
·················· 1はら（約30g）
ねぎの粗いみじん切り
······················· ½本分
砂糖 ··················· 小さじ2
みりん ················· 小さじ1
サラダ油 ············· 大さじ½

| 1人分148kcal | 塩分1.0g |

作り方
1 明太子は薄皮を取って身をほぐす。ボールに溶き卵、明太子、ねぎ、砂糖、みりんを入れて混ぜる。

2 フライパンにサラダ油を中火で熱し、卵液を流し入れて数回大きく混ぜ、全体に広げる。半熟状になったら、左右を5cmほど内側に折り、手前から巻く。取り出してペーパータオルで包み、かるく押さえて形を整える。食べやすく切って器に盛る。

巻き方を工夫すれば、卵2個でも大きいフライパンで焼けます！

あっさり ▢▨▢▢▢ こってり

ズッキーニの目玉焼き

材料（2人分）
卵 ························ 2個
ズッキーニ ·············· 1本
オリーブオイル ······ 小さじ1
塩 ····················· 小さじ⅓
粗びき黒こしょう ······ 適宜

| 1人分105kcal | 塩分1.2g |

作り方
1 ズッキーニはへたを切り、幅5mmの斜め切りにしてから、5mm角の棒状に切る。

2 直径20cmのフライパンにオリーブオイルを中火で熱し、ズッキーニを入れて1〜2分炒める。少ししんなりとしたら、塩と、粗びき黒こしょう少々を加えて混ぜ、なるべく平らになるように広げる。卵を割り入れてふたをし、弱火にして2〜3分焼く。卵が半熟状になったら、ズッキーニごと器に取り出し、粗びき黒こしょう少々をふる。

半熟に焼いた目玉焼きを、ズッキーニにとろりとからめてどうぞ。

榨菜の独特の塩けとうまみが、卵のやさしい甘みを引き立てます。

あっさり ▨▢▢▢▢ こってり

ピーマンの榨菜卵炒め

材料（2人分）
溶き卵 ···················· 2個分
ピーマン ················· 2個
榨菜（びん詰） ·········· 20g
酒 ····················· 大さじ½
サラダ油 ············· 大さじ½

| 1人分119kcal | 塩分0.9g |

作り方
1 ピーマンは縦半分に切ってへたと種を取り、横に幅5mmに切る。榨菜は細切りにする。

2 フライパンにサラダ油を中火で熱し、ピーマンを炒める。油が回ったらふたをして弱めの中火にし、1分ほど蒸し焼きにする。ふたを取り、酒、榨菜を加えてさっと炒める。溶き卵を回し入れて大きく混ぜ、ふんわりと固まったら火を止める。

ふんわり卵

ゆで卵

サラダに加えたり、ソースとして使うだけで、一気に料理が華やぐゆで卵。まとめて作って冷蔵庫にストックしておくと、なにかと役立ちます。沸騰した湯にトングやおたまで卵をそっと入れ、中火で7〜8分ゆでれば、黄身がしっとりした七分ゆでの完成。水にとってさまし、殻をむかずに冷蔵庫へ。3日以内に食べきりましょう。

あっさり □□■■□ こってり

トマトのごろごろ卵ソース

ざく切りのゆで卵をツナと合わせ、ボリューム感あるソースに。

材料（2人分）
ゆで卵 ························· 1個
トマト（小）··· 2個（約160g）
ツナ缶詰（80g入り）··· ½缶
マヨネーズ ············· 大さじ2
酢 ························· 小さじ1
塩 ····················· 小さじ¼
こしょう ····················· 少々
パセリのみじん切り····· 少々

| 1人分191kcal | 塩分1.3g |

作り方
1 トマトはへたを取り、横に幅1cmの輪切りにし、器に盛る。ゆで卵は8等分に切り、ボールに入れる。
2 ツナは缶汁をきって、マヨネーズ、酢、塩、こしょうとともに**1**のボールに加える。ざっくりと混ぜてトマトにのせ、パセリを散らす。

あっさり □□□■□ こってり

ゆで卵とハムのマヨマスタード焼き

材料（2人分）
ゆで卵 ················· 3個
ロースハム ············· 3枚
マヨネーズ ········· 大さじ2
粒マスタード······· 大さじ½
塩、こしょう ········· 各少々

| 1人分257kcal | 塩分1.6g |

作り方
1 ゆで卵は縦半分に切る。ロースハムは大きめにちぎる。小さめの器に、マヨネーズ、粒マスタード、塩、こしょうを混ぜ合わせ、マヨマスタードを作る。
2 耐熱皿に卵とハムを交互に並べ入れ、マヨマスタードをかける。オーブントースターで、マヨマスタードにかるく焼き色がつくまで、3〜4分焼く。

マヨネーズに粒マスタードを合わせ、味に深みを出して。

ゆで卵のクリームチーズサラダ

材料（2人分）

ゆで卵‥‥‥‥‥‥‥‥‥2個
ベビーリーフミックス
‥‥‥‥‥‥‥‥½パック
クリームチーズドレッシング
┌クリームチーズ‥‥‥30g
　牛乳‥‥‥‥‥‥大さじ1
　塩、粗びき黒こしょう
└‥‥‥‥‥‥‥‥各少々

作り方

1 クリームチーズはボールに入れ、室温にもどす。残りのドレッシングの材料を加え、混ぜ合わせる。

2 ゆで卵は縦6〜8等分に切って**1**のボールに加え、混ぜ合わせる。ベビーリーフミックスを加えてさっとあえ、器に盛る。

| 1人分135kcal | 塩分0.6g |

クリームチーズの濃厚な
ドレッシングがあとを引きます。

焼いたはんぺんのふわっとした
食感がくせになりそう！

はんぺんのタルタルソースのせ焼き

材料（2人分）

タルタルソース
┌ゆで卵‥‥‥‥‥‥‥‥2個
　玉ねぎのみじん切り
　‥‥‥‥‥‥‥‥大さじ2
　マヨネーズ‥‥‥大さじ1½
└塩、こしょう‥‥‥各少々
はんぺん‥‥‥1枚（約110g）

| 1人分191kcal | 塩分1.3g |

作り方

1 タルタルソースのゆで卵は粗く刻んでボールに入れ、残りの材料を加えて混ぜる。オーブントースターは温めておく。

2 トースターの天板にアルミホイルを敷いてはんぺんをのせ、上にタルタルソースを広げる。トースターではんぺんがふっくらとするまで7〜8分焼き、半分に切って器に盛る。

ゆで卵のにらみそがけ

材料（2人分）

ゆで卵‥‥‥‥‥‥‥‥‥2個
きゅうり‥‥‥‥‥‥‥‥1本
にらみそ
┌にらの小口切り‥‥‥2本分
　ごま油‥‥‥‥‥‥大さじ2
　みそ‥‥‥‥‥‥‥大さじ1
└一味唐辛子‥‥‥‥‥少々
塩‥‥‥‥‥‥‥‥‥‥‥少々

| 1人分213kcal | 塩分1.4g |

作り方

1 ゆで卵はフォークで縦半分に割る。きゅうりは両端を少し切り、塩をすり込んで水でさっと洗う。水けを拭いてめん棒などでたたき、ひびが入ったら長さを4等分に割り、さらに食べやすく縦半分に割る。

2 にらみその材料を混ぜ合わせる。器にきゅうりを盛ってゆで卵をのせ、にらみそをかける。

ごま油の香りをきかせたにらみそが、
ゆで卵のまろやかな味によく合う！

Column 5

副菜に、おべんとうに大活躍！
味つけ卵で常備菜

しっかり味をしみ込ませたゆで卵は、煮卵よりずっと簡単！ そのまま食べてよし、刻んでサラダに混ぜたり、ひと味違ったタルタルソースにしてもよしと、常備しておくと「あと一品！」というときに重宝しますよ。

（ゆで卵2個分）
ポリ袋に漬け汁の材料を入れて混ぜる。ゆで卵は殻をむいてポリ袋に入れ、全体に漬け汁をからめる。ポリ袋の中の空気を抜くようにして口を閉じ、冷蔵庫で一晩置いて味をなじませる。

バーベキュー卵

漬け汁
- トマトケチャップ……… 大さじ2
- ウスターソース……… 大さじ1
- 水……………… 大さじ2

| ½個分 53kcal | 塩分 0.4g |

ケチャップの甘みで子どもも大好き。

カレー卵

漬け汁
- カレー粉………… 小さじ1弱
- 塩…………………… 小さじ½
- 水……………… 大さじ5

| ½個分 40kcal | 塩分 0.5g |

オイスターソース卵

漬け汁
- オイスターソース……… 大さじ2
- 水……………… 大さじ3

| ½個分 49kcal | 塩分 0.6g |

こくのある中華味で、ご飯によく合う！

スパイシーな風味がやみつきに。

しょうゆ卵

漬け汁
┌ しょうゆ、水 ………… 各大さじ2

| ½個分46kcal | 塩分0.7g |

おべんとうにも
入れたいザ・定番味!

みそ卵

漬け汁
┌ みそ、水 …………… 各大さじ2
└ 砂糖 ………………… 大さじ1

| ½個分56kcal | 塩分0.4g |

おつまみにも
ぴったりの味わい。

● 保存法と保存期間
味が濃くなっていくので、一晩漬
けたあとは、漬け汁から取り出し、
密閉容器などに移して保存する
のがベター。3〜4日保存できる。

{ こんな副菜として どうぞ! }

大きめに刻んで、サラダの具として (写真は
カレー卵)

プロセスチーズといっしょに盛り合わせて
(写真はみそ卵)

119

第4章

あとは
スープさえあれば

冷蔵庫にいつもある食材で、ラクラク作れるデイリースープをご紹介します。いろいろなジャンルの主菜に合うよう、みそ汁はもちろん、和洋中、さまざまな味をラインナップ。スープが一つあるだけで、毎日の晩ごはんがちょっとぜいたく&幸せな気分になりますよ。

和 風

あっさり ▢▢▢▢▢ こってり

にらと豆腐のなめこ汁

材料（2人分）
なめこ……… ½袋（約50g）
豆腐……… ⅓丁（約100g）
にら ……… ⅛束（約20g）
だし汁 ……… 2カップ
みそ ……… 大さじ1〜2

| 1人分72kcal | 塩分1.9g |

作り方
1 なめこはさっと洗う。豆腐は1cm角に切る。にらは長さ1.5cmに切る。

2 鍋にだし汁、なめこ、豆腐、にらを入れて中火にかけ、煮立ったらみそを溶き入れ、ひと煮する。

なめこ汁ににら＆豆腐を加えれば、食べごたえが格段にアップ。

納豆で自然なとろみがついたみそ汁は、体が温まります。

あっさり ▢▢▢▢▢ こってり

かぶの納豆入りみそ汁

材料（2人分）
かぶの身 …2個（約200g）
かぶの葉 ……………80g
納豆（小粒）
……… 1パック（約40g）
だし汁 …………2カップ
みそ …………… 大さじ1½

| 1人分97kcal | 塩分1.9g |

作り方
1 かぶの身は皮をむき、1cm角に切る。葉は長さ3cmに切る。

2 小鍋にだし汁を入れて強火にかけ、煮立ったらかぶの身と葉を加えて中火にし、5分ほど煮る。身が柔らかくなったら納豆を加えてさっと煮て、みそを溶き入れる。

あっさり ▢▢▢▢▢ こってり

さつまいもと玉ねぎのごまみそ汁

材料（2人分）
さつまいも（小）
……………½本（約120g）
玉ねぎ……… ½個（約100g）
だし汁 …………2カップ
みそ……………… 大さじ2
白いりごま ……… 小さじ2

| 1人分154kcal | 塩分2.4g |

作り方
1 さつまいもはよく洗い、皮つきのまま縦4等分に切って、横に幅7〜8mmに切る。1〜2分水にさらし、水けをきる。玉ねぎは縦に薄切りにする。

2 小鍋にだし汁、さつまいもを入れ、中火にかける。煮立ったら玉ねぎを加え、弱火にしてふたをし、3〜4分煮る。ふたを取り、みそを溶き入れてひと煮する。器に盛り、白いりごまを指先でひねりながらふる。

さつまいものほっくりした口当たりになごみます。

あっさり ▢▢▢▢▢ こってり

落とし卵のすり流し汁

材料（2人分）
大根おろし‥‥‥5cm分（約180g）
卵‥‥‥‥‥‥‥‥‥‥‥‥2個
大根の葉‥‥‥‥‥‥‥‥‥適宜
だし汁‥‥‥‥‥‥‥1½カップ
みそ‥‥‥‥‥大さじ1～1½

| 1人分114kcal | 塩分1.5g |

作り方
1 大根の葉は幅5mmに切る。小鍋に大根おろし、だし汁を入れて強火にかける。煮立ったら大根の葉を加えて弱火にし、3分ほど煮る。

2 中火にし、卵を1個ずつそっと割り入れて好みの堅さになるまで煮る。火を止めてみそを溶き入れ、再び中火にかけてさっと温める。

大根おろしをたっぷりと加えた、あっさり味のみそ汁です。

ほくっとした長いもがくせになります。焼きのりで風味をプラスして。

あっさり ▢▢▢▢▢ こってり

長いもと油揚げのみそ汁

材料（2人分）
長いも‥‥‥‥5cm（約100g）
油揚げ‥‥‥‥‥‥‥‥‥½枚
だし汁‥‥‥‥‥‥‥‥2カップ
みそ‥‥‥‥‥‥‥大さじ1⅓
焼きのり‥‥‥‥‥‥‥‥適宜

| 1人分89kcal | 塩分1.7g |

作り方
1 長いもは皮をむいて縦4等分に切り、横に幅5mmに切る。油揚げはペーパータオルではさんで余分な油を取る。縦半分に切り、横に幅1cmに切る。

2 小鍋にだし汁を入れて中火にかけ、煮立ったら長いも、油揚げを加えて3～4分煮る。みそを溶き入れ、器に盛って、焼きのりを小さくちぎってのせる。

あっさり ▢▢▢▢▢ こってり

キャベツのごまバターみそ汁

材料（2人分）
キャベツ‥‥‥¼個（約250g）
だし汁‥‥‥‥‥‥‥‥3カップ
みそ‥‥‥‥‥‥大さじ2½～3
白すりごま‥‥‥‥‥‥大さじ1
バター‥‥‥‥‥‥‥‥小さじ2
サラダ油‥‥‥‥‥‥‥小さじ1

| 1人分137kcal | 塩分3.2g |

作り方
1 キャベツはしんをV字に切り取り、3cm四方に切る。

2 鍋にサラダ油を中火で熱し、キャベツを2分ほど炒める。少し焦げ色がついたら、だし汁を加える。煮立ったら弱火にし、みそを溶き入れ、2分ほど煮る。器に盛り、バターをのせて、すりごまを散らす。

バターのこくと風味で、濃厚な味わいに！

和風スープ

123

おなじみの豚汁を、すっきり味に
アレンジ。粉山椒でメリハリを。

あっさり □□■□□ こってり

青梗菜のしょうゆ風味豚汁

材料（2人分）

豚こま切れ肉	50g
青梗菜	½株（約50g）
こんにゃく	¼枚（約50g）
だし汁	2カップ
しょうゆ	小さじ2
粉山椒	適宜
ごま油	小さじ1

| 1人分94kcal | 塩分1.1g |

作り方

1 青梗菜は根元を切り、横に幅3cmに切る。こんにゃくは横に幅5mmに切る。豚肉は大きければ一口大に切る。

2 小鍋にごま油を中火で熱し、豚肉を炒める。色が変わったら、こんにゃくを加えてさっと炒め、だし汁を注ぐ。煮立ったらアクを取って青梗菜を加え、さっと煮てしょうゆを加える。器に盛り、粉山椒をふる。

あっさり ■□□□□ こってり

長いもとオクラの冷や汁

材料（2人分）

長いも	5cm（約100g）
オクラ	4本
みょうが	1個
だし汁（冷やしたもの）	1カップ
塩	少々
しょうゆ	小さじ2

| 1人分42kcal | 塩分1.0g |

作り方

1 オクラはへたを切り、がくのまわりを薄くそぎ取る。まな板に並べて塩をふり、ころがしてうぶ毛を取る（板ずり）。さっと水洗いし、水けをきる。ラップで包んで電子レンジで20秒ほど加熱し、粗熱を取ってから、みじん切りにする。みょうがは薄い小口切りにする。

2 ボールにだし汁、しょうゆを入れて混ぜる。長いもを皮をむいてすりおろしながら加え、オクラを加えて混ぜる。器に盛り、みょうがをのせる。

すりおろした長いもとオクラの
相乗効果で、つるんとした飲み口に。

菜の花は下ゆでして、
歯ざわりと色合いをキープ。

あっさり □■□□□ こってり

菜の花とわかめのすまし汁

材料（2人分）

菜の花	1束（約200g）
カットわかめ（乾燥）	大さじ1強（約4g）
だし汁	3カップ
塩	適宜
しょうゆ	小さじ⅓

| 1人分42kcal | 塩分1.5g |

作り方

1 菜の花は長さを半分に切る。塩少々を加えた熱湯に茎、穂先を順に入れて30秒ほどゆでる。ざるに上げて粗熱を取り、水けを絞る。わかめは洗って水けをきる。

2 鍋にだし汁を入れて強火で煮立て、塩小さじ⅓〜½と、しょうゆで調味する。わかめと菜の花を加えて中火にし、ひと煮する。

お湯を注ぐだけで即完成！
忙しい朝ごはんにも最適。

あっさり ☐☐☐☐☐ こってり

はんぺんととろろのすまし汁

材料（2人分）
はんぺん……… ½枚（約60g）
とろろ昆布‥½カップ（約6g）
三つ葉………………適宜
和風だしの素(顆粒)、しょうゆ
………………… 各小さじ1

| 1人分38kcal | 塩分1.6g |

作り方
1 はんぺんは1.5cm角に切る。三つ葉は長さ2cmに切る。

2 器にとろろ昆布とだしの素を等分に入れ、熱湯1½カップを等分に注ぐ。しょうゆを小さじ½ずつ加えてさっと混ぜ、はんぺんを加えて三つ葉をのせる。

あっさり ☐☐☐☐☐ こってり

えのきのおろし汁

材料（2人分）
えのきだけ … ¼袋（約25g）
大根おろし……………50g
韓国のり（または刻みのり）
………………………適宜
市販のめんつゆ（2倍希釈）
………………… 大さじ2
だし汁 …………… 1カップ
好みで練りわさび……適宜

| 1人分24kcal | 塩分1.2g |

作り方
1 大根おろしはざるに入れ、汁けをかるくきる。えのきは根元を切って長さを半分に切り、ほぐして耐熱のボールに入れる。めんつゆを加えてふんわりとラップをかけ、電子レンジで1分ほど加熱する。取り出して粗熱を取る。

2 別のボールにだし汁を入れ、えのきを汁ごと加えて混ぜる。好みで練りわさびを溶き入れ、器に盛る。韓国のりをちぎって（刻みのりならそのまま）散らし、大根おろしをのせる。

えのきはめんつゆといっしょに
レンジ加熱し、味をなじませます。

歯ざわりのいいたけのこと、
ふわふわの卵の組み合わせを楽しんで。

あっさり ☐☐☐☐☐ こってり

たけのこのかきたま汁

材料（2人分）
たけのこの水煮
………………1個（約100g）
えのきだけ・大1袋（約120g）
溶き卵 ……………1個分
だし汁 ………… 2½カップ
水溶き片栗粉
 ┌ 片栗粉、水…… 各大さじ½
塩、しょうゆ …… 各小さじ⅓
好みで粉山椒………適宜

| 1人分77kcal | 塩分1.5g |

作り方
1 たけのこは縦に細切りにする。えのきは根元を切り、長さを半分に切ってほぐす。水溶き片栗粉の材料を混ぜる。

2 小鍋にだし汁を入れて強火にかけ、煮立ったら中火にし、たけのこ、えのきを加えてさっと煮る。塩、しょうゆを加え、水溶き片栗粉をもう一度混ぜてから回し入れ、よく混ぜてとろみをつける。溶き卵を菜箸を伝わせて回し入れる。卵が固まったら器に盛り、好みで粉山椒をふる。

和風スープ

あさりは缶詰を使ってスピーディに。
とろっとした白菜の食感を楽しんで。

洋風

あっさり □□■□□ こってり

あさりと白菜のスープ

材料 (2人分)
あさりの水煮缶詰
　(130g入り) ……… ½缶
白菜の葉 (小)…… 1枚 (約70g)
洋風スープの素 (顆粒)
　……………… 小さじ1

| 1人分45kcal | 塩分0.9g |

作り方
白菜は小さめの一口大に切る。小鍋に水
1½カップとスープの素を入れ、あさりを缶
汁ごと加える。強火にかけ、煮立ったら中
火にし、白菜を加えて2〜3分煮る。

かぼちゃをつぶして作るから
簡単。チーズで塩けをプラス。

あっさり □□■□□ こってり

かぼちゃのミルクスープ

材料 (2人分)
かぼちゃ…… ½個 (約150g)
牛乳…………… 1½カップ
ピザ用チーズ………… 30g
洋風スープの素 (顆粒)、塩
　…………… 各小さじ⅓
こしょう…………… 少々

| 1人分225kcal | 塩分1.7g |

作り方
1 かぼちゃはわたと種を取り除き、縦に幅
1cmに切ってから、横に2〜3等分に切る。
耐熱皿に並べてふんわりとラップをかけ、
電子レンジで2分ほど加熱する。取り出し
て熱いうちにフォークで粗くつぶす。器に
ピザ用チーズを等分に入れておく。
2 小鍋にかぼちゃ、スープの素と、水½カ
ップを入れ、中火にかける。煮立ったら塩、
こしょうを加えて混ぜ、弱火にしてふたを
し、2分ほど煮る。牛乳を加えてふつふつと
するまで温め、チーズの器に等分に注ぐ。

あっさり □□■□□ こってり

ほうれん草のカレースープ

材料 (2人分)
ほうれん草…… 1株 (約50g)
しめじ…… ½パック (約50g)
洋風スープの素 (顆粒)
　……………… 小さじ1
調味用
┌ カレー粉……… 小さじ½
│ しょうゆ……… 小さじ1
└ 塩、こしょう …… 各少々

| 1人分16kcal | 塩分1.2g |

作り方
1 ほうれん草は根元を切り、長さ5cmに切
る。しめじは石づきを切り、小房に分ける。
2 小鍋に水2カップ、スープの素を入れて
中火にかける。煮立ったらほうれん草、しめ
じを加えて2分ほど煮る。全体がしんなり
したら、調味用の材料を加えて混ぜる。

ほうれん草は下ゆでなし！
カレー粉がほろ苦さをカバーしてくれます。

冷製コーンスープ

材料 (2人分)
クリームコーン缶詰
　（190g入り）……… ½缶
牛乳……………… ½カップ
みそ……………… 小さじ1
塩、こしょう……… 各少々
オリーブオイル、粗びき黒こ
　しょう………… 各適宜

| 1人分85kcal | 塩分0.8g |

作り方
ボールにみそ、牛乳を混ぜる。クリームコーンを加えてよく溶きのばし、味をみて、塩、こしょうでととのえて器に盛る。オリーブオイルをたらし、粗びき黒こしょうをふる。

> 材料を混ぜるだけだから、ラクチン。
> 冷蔵庫で冷やすのがおすすめ！

> トマトジュースを煮汁に
> 使えば、栄養価アップ！

アスパラのトマトスープ

材料 (2人分)
グリーンアスパラガス
　……… 4～5本 (約150g)
ウインナソーセージ ……2本
玉ねぎ……… ⅓個 (約70g)
トマトジュース(食塩不使用)
　…………… 1½カップ
にんにく(小)の薄切り…1かけ分
洋風スープの素(顆粒)… 小さじ½
塩、こしょう、砂糖… 各少々
粉チーズ…………… 適宜
オリーブオイル…… 大さじ1

作り方
1 アスパラは根元の堅い部分を折り、根元から3cmくらいまでピーラーで皮をむき、斜めに幅5mmに切る。玉ねぎは縦に薄切りにする。ソーセージは斜めに幅5mmに切る。

2 小鍋にオリーブオイル、にんにく、玉ねぎを入れて中火で熱し、2分ほど炒める。ソーセージ、アスパラを加えてさっと炒め、トマトジュース、スープの素と、水½カップを加える。煮立ったら3～4分煮て塩、こしょう、砂糖で調味し、器に盛り、粉チーズをふる。

| 1人分183kcal | 塩分1.2g |

> まるごと煮たプチトマトを、
> 少しつぶしながら食べるとおいしい！

プチトマトのコンソメスープ

材料 (2人分)
プチトマト…………… 10個
パセリ………………… 2枝
洋風スープの素 (顆粒)、塩
　………………… 各小さじ⅓
こしょう……………… 少々
オリーブオイル…… 小さじ1

| 1人分35kcal | 塩分1.2g |

作り方
1 プチトマトはへたを取る。パセリは葉と茎を手で分ける。

2 小鍋にプチトマト、パセリの茎、スープの素、塩、こしょうと、水2カップを入れてざっと混ぜ、中火にかける。煮立ったら弱火にしてふたをし、7～8分煮る。

3 パセリの茎を取り除き、パセリの葉を加えてひと煮し、火を止める。オリーブオイルをたらして器に盛り、プチトマトをつぶしながらいただく。

洋風スープ

中華風

あっさり □■□□□ こってり

トマトと桜えびの酸辣湯風
（スワン ラー タン）

材料（2人分）
トマト……… 1個（約150g）
桜えび…… 大さじ2（約5g）
溶き卵……………… 1個分
片栗粉…………… 小さじ1
鶏ガラスープの素（顆粒）
……………………… 大さじ1
酢……………………… 大さじ1
ラー油………………… 適宜

作り方
1 トマトはへたを取り、一口大に切る。片栗粉を水小さじ2で溶く。小鍋に鶏ガラスープの素と、水2カップを入れて混ぜ、中火にかける。煮立ったらトマト、桜えびを加えて5〜6分煮る。
2 水溶き片栗粉をもう一度混ぜてから加え、とろみをつける。溶き卵を流し入れ、固まったら酢を加えて混ぜ、ラー油をふる。

| 1人分78kcal | 塩分2.0g |

酢だけでなく、トマトの酸味も加えるのでバランスのよい味に。

あっさり □■□□□ こってり

レタスのかきたまスープ

材料（2人分）
レタスの葉（大）
……………… 1枚（約50g）
溶き卵…………… ½個分
水溶き片栗粉
 ┌ 片栗粉………… 小さじ1
 └ 水……………… 小さじ2
鶏ガラスープの素（顆粒）
……………………… 小さじ1
塩……………………… 小さじ⅓
こしょう…………… 少々
ごま油…………… 小さじ½

作り方
1 レタスは一口大にちぎる。水溶き片栗粉の材料を混ぜる。小鍋に水1½カップと、鶏ガラスープの素、塩、こしょうを入れて強火にかける。煮立ったら中火にし、水溶き片栗粉をもう一度混ぜてから回し入れ、手早く混ぜてとろみをつける。
2 レタスを加え、しんなりとしたら溶き卵を菜箸を伝わせて回し入れる。卵が固まったらごま油を加え、すぐに火を止める。

| 1人分38kcal | 塩分1.6g |

おなじみのかきたまスープに、シャキッとしたレタスを加えて。

豆乳のまろやかさをしょうがで引き締めます。

あっさり □□□■□ こってり

しいたけの豆乳春雨スープ

材料（2人分）
生しいたけ……………4個
春雨（乾燥）…………20g
豆乳（成分無調整）……1カップ
しょうがのせん切り……1かけ分
鶏ガラスープの素（顆粒）、
　白すりごま……各小さじ1
しょうゆ……… 小さじ¼
塩………………………… 少々
粗びき黒こしょう……適宜
ごま油…………… 小さじ1

作り方
1 しいたけは石づきを切り、薄切りにする。小鍋にごま油を中火で熱し、しょうがを炒める。香りが立ったらしいたけを加え、しいたけがしんなりするまで炒める。水1カップ、鶏ガラスープの素を加えて煮立たせ、春雨を乾燥したまま加えて2〜3分煮る。
2 豆乳、しょうゆ、塩を加えてひと煮し、白すりごまを加えて混ぜる。器に盛り、粗びき黒こしょうをふる。

| 1人分117kcal | 塩分1.1g |

たっぷりのおろしにんじんと
卵を加え、食べるスープに。

あっさり ｜ ｜ ｜ ｜ ｜ こってり

おろしにんじんの中華風スープ

材料 (2人分)
にんじん (大)‥1本 (約180g)
貝割れ菜 ‥‥ 1/2パック (約50g)
溶き卵 ‥‥‥‥‥‥‥ 1個分
煮汁用
┌ 片栗粉 ‥‥‥‥‥ 小さじ2
｜ 鶏ガラスープの素 (顆粒)‥‥ 小さじ1
｜ 塩 ‥‥‥‥‥‥‥ 小さじ1/2
└ こしょう ‥‥‥‥‥‥ 少々
ごま油 ‥‥‥‥‥‥ 小さじ1

作り方
1 にんじんは皮をむき、すりおろす。貝割れ菜は根元を切って、長さを半分に切る。
2 小鍋に水2 1/2カップ、煮汁用の材料を入れ、ときどき混ぜながら中火にかける。煮立ったらにんじんを加え、再び煮立ってアクが出たら取る。溶き卵を回し入れ、ふんわりと固まったら貝割れ菜を加えてひと混ぜする。火を止め、ごま油を回し入れる。

｜ 1人分104kcal ｜ 塩分2.3g ｜

あっさり ｜ ｜ ｜ ｜ ｜ こってり

白菜と帆立てのとろみスープ

材料 (2人分)
白菜の葉 ‥‥‥ 1枚 (約100g)
帆立て貝柱の水煮缶詰
　(70g入り) ‥‥‥‥‥‥ 1缶
水溶き片栗粉
┌ 片栗粉 ‥‥‥‥‥ 小さじ2
└ 水 ‥‥‥‥‥‥‥ 大さじ1 1/3
鶏ガラスープの素 (顆粒)‥ 小さじ1/2
酒 ‥‥‥‥‥‥‥‥ 大さじ1
塩 ‥‥‥‥‥‥‥‥ 小さじ1/4
こしょう ‥‥‥‥‥‥‥ 少々

作り方
1 白菜は葉としんを切り分け、しんは縦に幅3〜4cmに切ってから、横に幅3〜4cmのそぎ切りにする。葉は食べやすく切る。水溶き片栗粉の材料を混ぜる。
2 小鍋に水2カップ、鶏ガラスープの素を入れて中火にかける。煮立ったら酒と、白菜のしん、葉を順に加え、帆立てを缶汁ごと加える。3〜4分煮て、塩、こしょうをふり、水溶き片栗粉をもう一度混ぜてから加え、かるくとろみをつける。

｜ 1人分59kcal ｜ 塩分1.4g ｜

帆立ては缶汁ごと使うから、
うまみ充分！

うずら卵がごろごろ入った
満足感のあるスープ。

あっさり ｜ ｜ ｜ ｜ ｜ こってり

うずら卵とねぎの中華風スープ

材料 (2人分)
うずらの卵の水煮 ‥‥‥‥ 6個
ねぎ ‥‥‥‥‥‥‥‥ 2/3本
酒 ‥‥‥‥‥‥‥‥ 大さじ1
鶏ガラスープの素 (顆粒)
　‥‥‥‥‥‥‥‥‥ 小さじ1
しょうゆ ‥‥‥‥‥ 小さじ1/2
塩 ‥‥‥‥‥‥‥‥‥‥ 少々
好みで粗びき黒こしょう
　‥‥‥‥‥‥‥‥‥‥ 適宜

作り方
1 ねぎは薄い小口切りにする。
2 小鍋に水2カップ、酒、鶏ガラスープの素、しょうゆ、塩を入れて混ぜ、ねぎを加えて中火にかける。煮立ったらアクを取り、ふたをして弱火にし、2分ほど煮る。ふたを取ってうずらの卵を加え、ひと煮する。器に盛り、好みで粗びき黒こしょうをふる。

｜ 1人分69kcal ｜ 塩分1.1g ｜

中華風スープ

Staff （五十音順）

料理

石原洋子　市沢衣久　市瀬悦子　井原裕子　今泉久美
上田淳子　大島菊枝　小田真規子　栗山真由美　小林まさみ
重信初江　鈴木 薫　関口絢子　高橋善郎　髙山かづえ
田口成子　館野鏡子　堤 人美　夏梅美智子　新谷友里江
藤野嘉子　みなくち なほこ　武蔵裕子

監修（コラム1〜5）

上田淳子

撮影

馬場敬子

デザイン

原 玲子

スタイリング

久保田朋子　浜田恵子　本郷由紀子

熱量・塩分計算

亀石早智子　五戸美香（スタジオナッツ）
女子栄養大学 栄養クリニック　宮坂早智

編集担当

長谷川美保　小笠原 更

本書は2017年発行の『たった10分でできる副菜図鑑』（小社）
の内容を一部改訂し、書籍化したものです。

素材別だから、
考えなくても献立がすぐ決まる！

これぞ副菜

2023年10月31日　第1刷発行

発行所／株式会社オレンジページ
〒108-8357
東京都港区三田1-4-28 三田国際ビル
電話／ご意見ダイヤル 03-3456-6672
販売（書店専用ダイヤル）03-3456-6676
　　　（読者注文ダイヤル）0120-580799
発行人／鈴木善行
著者／オレンジページ編集部

印刷所／大日本印刷株式会社
Printed in Japan　©ORANGE PAGE